［過去問］

2024
田園調布雙葉小学校
入試問題集

JN084596

Shinga-kai

田園調布雙葉小学校

過去10年間の入試問題分析
出題傾向とその対策

2023年傾向

コロナウイルス対策のため、過去2年は集団テストでお友達とかかわる課題が行われませんでしたが、今年度は個別に制作したもので一緒に遊ぶ行動観察が出題されました。そのほかは例年との大きな違いはなく、年齢にふさわしい、よい資質を持つお子さんを求めていること、ご家庭の在り方を見る姿勢に変化はありませんでした。

傾　向

2015年度以降考査は1日で、生年月日の年少者から決められた受験番号順に行われます。控え室で受験番号と同じ番号のゼッケンをつけた後、近年は6～8人ずつのグループでペーパーテスト、集団テスト、1人ずつ個別テストが行われています。ペーパーテストでは話の記憶、常識、記憶、巧緻性、推理・思考、系列完成などさまざまな分野から出題され、幅広い対応力が必要です。個別テストの言語や常識では、絵に描かれている人に対して自分ならどのように声をかけるかを話したり、いけないことをしている場合はその理由について話したりする課題が出題されています。知っている花やあいさつの言葉をできるだけたくさん言う、という課題もあり、道徳や判断力、思いやりの気持ち、そして生活体験に根ざしたさまざまなことが聞かれています。集団テストでは、共同制作などの課題がよく行われています。共同制作では、用意された材料を使ってみんなで作業する間に、一人ひとりの活動の様子がじっくり見られます。道具を仲よく使えるか、お友達と相談しながら作業を進めることができるか、終わりの時間まで一生懸命に取り組めるかなど、協調性や課題への取り組み方がポイントとなります。以前は、行動観察の1つとしてお弁当を食べる課題もありました。食事中にテスターから1人ずつ「何がおいしいですか？」などと質問されるほか、おはしの扱いや全員で「ごちそうさま」のあいさつをしてからの片づけなどが見られていました。家庭教育の在り方や女児としての立ち居振る舞いが見られていたといってもよいでしょう。考査日前の指定日時に行われる親子面接は、第一と第二があります。第一面接では、自己紹介、志望理由や仕事の内容、カトリック教育についての考えなど、第二面接では、家庭の様子や親

子のかかわりなどを見る質問が多いようです。

対　策

制作や集団遊びのポイントについて考えることが大切です。子どもの行動を通して家庭のしつけそのものが現れるので、普段からの積み重ねが大事です。以前は頻出していた、持参した服に着替える課題やお弁当を食べる課題は出されなくなりましたが、しつけを家庭教育の要と考えている学校側の姿勢に変わりはないので、日ごろの生活習慣を大切にしましょう。併せて、よい生活習慣に根ざした生活力と、さまざまな場面で適切に対処できる自立心を養うことが重要です。制作でははさみや液体のりなどを使うことも多いので、道具の扱いに慣れ、使わないときはふたを閉める、はさみの刃を閉じておくなど、細かい所作も身につけておきましょう。お友達への言葉遣いや、床での作業を想定した座り方も見直してください。出題傾向に多少の変化があっても、学校が見たい本質に大きな違いはありません。ペーパーテストは出題範囲が広く、毎年出題される話の記憶以外では推理・思考、系列完成、常識、記憶、巧緻性などが頻出課題です。推理・思考はさまざまな分野から出題され、鏡映図や四方図、長さや広さなどの比較も出されています。過去に出された課題には必ずふれるようにし、基本的な力を幅広く身につけておきましょう。また三角カードや積み木遊びなど具体物を通して、ものの形や大きさ、角度、長短などの違いを見極める力、ものの見え方の違いを具体的にイメージする力を養っておくことが大切です。常識の問題では、生活の中での経験が知識となって身についているかが問われます。日常生活での声掛けにも工夫し、季節や行事、道具などにそのつど意識を向けさせることが大切です。点線をなぞる、色を塗るといった巧緻性の課題も目立ちますから、正しい筆記具の持ち方や丁寧にかく習慣もしっかり身につけておきましょう。個別テストでは言語表現力が試されます。泣いている人の絵などを見ながら、この人はなぜ泣いているのか、自分ならどうしてあげるかなどについて答える課題では、女児らしい思いやりの心が育まれているかを見られます。祖父母やお友達などさまざまな人たちとかかわる機会を通し、気遣いや思いやりなどが自然に身につくよう心掛けていきましょう。そして、両親がよい聞き手となってたくさんお話をする機会を設け、お話をしたいという子どもの気持ちを育てていくことが重要です。また、はしの扱いや片づけ、風呂敷で包んだりひもを結んだりすることは必須課題として、ご家庭できちんと取り組んでおきましょう。親子面接は、2回行うところがこの学校の特徴です。女子教育やキリスト教への理解はもとより、家族の和や温かさを重要視しているので、子どもには両親やきょうだいとの関係性を、父母にはお互いの父親ぶり、母親ぶりを質問したり、どんな思いや願いを持って子どもを見ているのかをたずねたりします。親子そろって優しさを大切にする穏やかな生活を送ることを心掛けましょう。親が学生時代に熱中したことや仕事への思いなどを聞かれることもあるので、何を学び今の生活に生かしているか、思い出、夢、希望などがキーワードと考え、準備をしておきましょう。

年度別入試問題分析表

【田園調布雙葉小学校】

	2023	2022	2021	2020	2019	2018	2017	2016	2015	2014
ペーパーテスト										
話	○	○	○	○	○	○	○	○	○	○
数量	○	○	○		○			○		
観察力								○		
言語										
推理・思考	○	○	○	○		○		○		
構成力				○				○		
記憶	○	○	○	○	○			○		○
常識	○		○	○	○			○	○	○
位置・置換		○			○		○	○		○
模写									○	
巧緻性	○	○	○	○	○	○		○	○	
絵画・表現		○								
系列完成	○	○	○		○	○	○	○		
個別テスト										
話										
数量										
観察力		○	○	○	○	○				
言語	○	○	○	○	○	○	○	○	○	○
推理・思考										
構成力										
記憶										
常識	○	○	○	○	○	○	○		○	○
位置・置換										
巧緻性		○	○	○	○	○	○			
絵画・表現									○	
系列完成										
制作	○									
行動観察								○	○	
生活習慣	○	○	○	○	○	○	○	○	○	○
集団テスト										
話										
観察力										
言語										
常識										
巧緻性										
絵画・表現										○
制作	○	○	○	○	○	○	○	○	○	○
行動観察	○	○	○	○	○	○	○	○	○	
課題・自由遊び										○
運動・ゲーム				○	○	○	○	○	○	○
生活習慣										○
運動テスト										
基礎運動										
指示行動										
模倣体操										
リズム運動										
ボール運動										
跳躍運動										
バランス運動										
連続運動										
面接										
親子面接	○	○	○	○	○	○	○	○	○	○
保護者(両親)面接										
本人面接										

※伸芽会教育研究所調査データ

小学校受験Check Sheet

　お子さんの受験を控えて、何かと不安を抱える保護者も多いかと思います。受験対策はしっかりやっていても、すべてをクリアしているとは思えないのが実状ではないでしょうか。そこで、このチェックシートをご用意しました。1つずつチェックをしながら、受験に向かっていってください。

✳ ペーパーテスト編

①お子さんは長い時間座っていることができますか。

②お子さんは長い話を根気よく聞くことができますか。

③お子さんはスムーズにプリントをめくったり、印をつけたりできますか。

④お子さんは机の上を散らかさずに作業ができますか。

✳ 個別テスト編

①お子さんは長時間立っていることができますか。

②お子さんはハキハキと大きい声で話せますか。

③お子さんは初対面の大人と話せますか。

④お子さんは自信を持ってテキパキと作業ができますか。

✳ 絵画、制作編

①お子さんは絵を描くのが好きですか。

②お家にお子さんの絵を飾っていますか。

③お子さんははさみやセロハンテープなどを使いこなせますか。

④お子さんはお家で空き箱や牛乳パックなどで制作をしたことがありますか。

✳ 行動観察編

①お子さんは初めて会ったお友達と話せますか。

②お子さんは集団の中でほかの子とかかわって遊べますか。

③お子さんは何もおもちゃがない状況で遊べますか。

④お子さんは順番を守れますか。

✳ 運動テスト編

①お子さんは運動をするときに意欲的ですか。

②お子さんは長い距離を歩いたことがありますか。

③お子さんはリズム感がありますか。

④お子さんはボール遊びが好きですか。

✳ 面接対策・子ども編

①お子さんは、ある程度の時間、きちんと座っていられますか。

②お子さんは返事が素直にできますか。

③お子さんはお父さま、お母さまと3人で行動することに慣れていますか。

④お子さんは単語でなく、文で話せますか。

✳ 面接対策・保護者（両親）編

①最近、ご家族での楽しい思い出がありますか。

②ご両親の教育方針は一致していますか。

③お父さまは、お子さんのお家での生活や幼稚園・保育園での生活をどれくらいご存じですか。

④最近タイムリーな話題、または昨今の子どもを取り巻く環境についてご両親で話をしていますか。

section 2023 田園調布雙葉小学校入試問題

■ 選抜方法

考査は1日で、生年月日の年少者から決められた受験番号順に6～8人単位で誘導され、ペーパーテスト、集団テストを行い、1人ずつ個別テストを行う。所要時間は約2時間。考査日前の指定日時に親子面接があり、第一と第二の面接を受ける。

┃ ペーパーテスト ┃ 筆記用具は青のクーピーペンを使用し、訂正方法は×(バツ印)。出題方法は話の記憶のみ音声、ほかは口頭。

1 話の記憶

「今日はクリスマスイブです。サンタさんはたくさんのプレゼントをソリに載せて、これから動物たちに届けに行くところです。サンタさんはポケットに雪ダルマのバッジがついた赤い服を着て、星の絵が描かれたソリに乗り、『準備ができた』といざ出発です。まず、ウサギさんのお家に行きました。ウサギさんはベッドでぐっすり寝ています。サンタさんはプレゼントを置く場所を探し、ベッドの横の小さな机の上にしましま模様のプレゼントを置きました。『メリークリスマス』。次はクマさんのお家です。クマさんはソファで寝ていました。さっきまでサンタさんを待っていて、いつの間にか眠ってしまったのです。『どこに置こうかな?』サンタさんがリビングルームを見渡すと、クリスマスツリーのところに、クマさんがサンタさんのために用意した5枚のクッキーと『サンタさん、ありがとう』と書かれた手紙が置いてあるのを見つけました。サンタさんはそれをうれしそうにポケットに入れ、クッキーと手紙が置いてあった場所に水玉模様のプレゼントを置きました。ソリに戻ったサンタさんは、トナカイたちとクッキーをちょうど1枚ずつ仲よく分けて食べました。その後はネコさん、ネコさんの次はライオンさん、そしてパンダさんのお家にプレゼントを届けて、サンタさんのお仕事は終わりです。『今年もよく頑張りましたね』とトナカイたちに言われたサンタさんは、『そうだね』とにっこり笑って満足そうにお家に帰っていきました」

・サンタさんがプレゼントを届けに行ったときの様子はどれですか。正しい絵を選んで、○をつけましょう。
・サンタさんがウサギさんとクマさんにプレゼントを届けたときの様子で、お話に合う絵はどれですか。選んで○をつけましょう。
・サンタさんは、ネコさんの次にどの動物のお家にプレゼントを届けましたか。正しい絵を選んで○をつけましょう。
・トナカイは全部で何頭いましたか。合う絵を選んで○をつけましょう。

2 推理・思考（折り図形）

・左端のように折り紙を折って開くと、どのような折り目がつきますか。正しいものを右から選んで○をつけましょう。

3 数　量

・子どもたちがパーティーをしています。全員に帽子をあげたいのですが、数が足りません。帽子はあといくつあるとよいですか。その数だけ、帽子の横の四角に○をかきましょう。

・お皿とフォークを全員に配りたいのですが、今ある数では足りません。あといくつあるとよいですか。お皿とフォークの横の四角に、それぞれ足りない数だけ○をかきましょう。

4 推理・思考（回転図形）

・左の形を矢印の方にコトンと1回倒すと、どのようになりますか。右から選んで○をつけましょう。

5 系列完成・常識

・いろいろな絵が、決まりよく並んでいます。空いている四角にはどのような絵が入るとよいですか。それぞれすぐ下の四角から選んで○をつけましょう。

6 推理・思考（対称図形）

・透き通った紙に丸がかいてあります。真ん中の点線でパタンと右に折ると、丸は右側のどこに来ますか。足りないところに○をかきましょう。上も下もやりましょう。

7 絵の記憶

下の絵を隠して、上のお手本を約20秒間見せる。その後、上のお手本を隠して下の絵だけを見せる。

・冷蔵庫に入っていたのに、なくなっているものがあります。なくなったものを右から選んで○をつけましょう。

8 巧緻性

・ウサギさんが乗った車が山まで行きます。壁にぶつかってけがをしないように、道の真ん中を通る線を引きましょう。

個別テスト | 集団テストの最中に１人ずつ呼ばれて行う。

言　語

・白いものを、できるだけたくさん言ってください。

言語・常識

（鍋を見せられる）
・これは何ですか。
・これを使うときに気をつけることは何ですか。
・これを使って、お家の人は何を作りますか。

9 言語（判断力）

（２人の女の子が公園にいる絵を見せられる）
・頭にリボンをつけた女の子は、どのような気持ちだと思いますか。
・帽子をかぶっている女の子は、どのような気持ちだと思いますか。
・あなたがそれぞれの子に声をかけるとしたら、どのように声をかけますか。

10 生活習慣・制作

机の上のトレーに、おはじき５個が入った箱とウサギのシールを貼った箱、小さいジッパーつきビニール袋、ひも、クレヨン、セロハンテープ、はさみが用意されている。
・おはじき２個を袋に入れてファスナーを閉め、残りのおはじきはウサギの箱に入れてください。

曲線と絵が描かれ、２つの穴が開いた台紙が用意されている。
・台紙の下の丸く曲がっている線をはさみで切り取り、穴にひもを通してセロハンテープで留めて、バッグを作りましょう。

集団テスト

制　作

各自に折り紙、画用紙、スティックのりが用意される。ペーパーテストで使用した青のクーピーペンを使用する。
・先生が見せるお手本のように、折り紙でチューリップを折りましょう。画用紙にチュー

リップをのりで貼って、周りに好きな絵を描きましょう。もっと描きたい人は、画用紙を裏返しにして、裏にも描いてよいですよ。

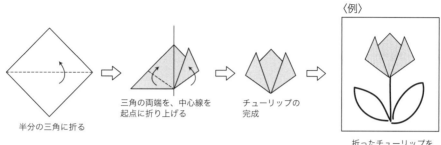

半分の三角に折る

三角の両端を、中心線を
起点に折り上げる

チューリップの
完成

〈例〉

折ったチューリップを
画用紙に貼り、周りを
描き足す

制作・行動観察

4人1組で行う。

（タコ作り）

机の上に赤い折り紙10数枚、各自にサインペン、マスキングテープ、はさみが入ったトレーが用意されている。前方にタコの作り方のイラストが掲示される。

・前に貼られた作り方を見ながら、お手本と同じようなタコを3個作りましょう。

＜作り方＞

①折り紙を半分の長四角に折る。

②さらにもう一度、細い長四角になるように折る。

③折った折り紙を丸めて輪にしてマスキングテープで留めた後、はさみで下の方から切り込みを入れる。

④サインペンで目と口を描き、切り込みを外側に広げて足にする。

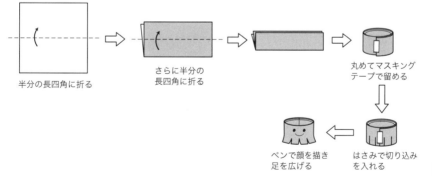

半分の長四角に折る

さらに半分の
長四角に折る

丸めてマスキング
テープで留める

はさみで切り込み
を入れる

ペンで顔を描き
足を広げる

【タコタワーの例】

（タコタワー作り）

・作ったタコを使って、お友達と一緒に机の上でタコタワーを作りましょう。

親子面接

📖 第一面接

本人

- お名前を教えてください。
- この学校の名前を知っていますか。教えてください。
- 幼稚園（保育園）で好きな遊びを教えてください。

父親

- 数ある学校の中から、本校を選んだ理由をお聞かせください。
- 奥さまの出身校という理由以外で、本校を選んだ理由を教えてください。
- 本校ではキリスト教に基づく指導となりますが、問題はないですか。
- 学校選びの中、本校を候補の1つとしてくださった最終的な決め手は何ですか。
- （本校はカトリックです。）プロテスタントのご家庭ですが、ほかのプロテスタント校をご志望ではないですか。

母親

- 5月まで毎日の送り迎えや保護者会などがありますが、問題はないですか。
- お母さまご自身の学園生活の中で、一番心に残っていることは何ですか。
- 学生時代に打ち込んだことは何ですか。現在も続けていらっしゃいますか。その経験は子育てに生かされていますか。
- お仕事をしていらっしゃいますか。4月はお子さまのお迎えのほか、学校に来ていただくことが多くなりますが大丈夫ですか。急なお迎えにも対応できますか。
- お仕事の内容について、差し支えない程度に教えてください。
- 子育てとお仕事をどのように両立されていますか。
- 子育てをしていて困ったことはありますか。
- お子さまが女子校に通うことを希望する理由を教えてください。

📖 第二面接

本人

- お家では何をして遊びますか。誰と遊びますか。
- 外の遊びでは何をするのが好きですか。（遊びについて発展して質問あり）

・お休みの日は何をして遊びますか。（遊びについて発展して質問あり）

・朝ごはんは何を食べましたか。（食事について発展して質問あり）

・好きなおやつ（お菓子）は何ですか。2番目に好きなおやつ（お菓子）は何ですか。

・好きな飲み物は何ですか。

父　親

・奥さまの好きなところは、どのようなところですか。

・奥さまはどのような存在ですか。それがわかる最近のエピソードを聞かせてください。

・お子さまが成長したと感じるのは、どのようなところですか。

・お子さまをほめたのはどんなときですか。そのようにお育てになるために、声掛けなどで何か気をつけたところはありますか。

・お子さまがお手伝いをしている姿をご覧になって、どのように思われますか。

母　親

・ご家庭の教育方針を教えてください。

・お子さまに伝えたいことは何ですか。

・ご家庭で約束事はありますか。

・お父さまとお子さまのかかわりで、すてきだなと思うことは何ですか。

・お子さまとお友達にもめ事があったときは、どうされますか。

・お子さまが成長したと感じることは、どのようなことですか。

・昨日お子さまと読んだ絵本はありますか。何の本ですか。

面接資料／アンケート

願書郵送時に、「本校志望にあたって」を同封して提出する。以下のような記入項目がある。

・氏名、生年月日、現住所、保育歴、現在籍園の所在地と電話番号、保護者氏名、保護者連絡先、家族構成、通学経路、受験に際し学校側に知らせておきたいこと。

1

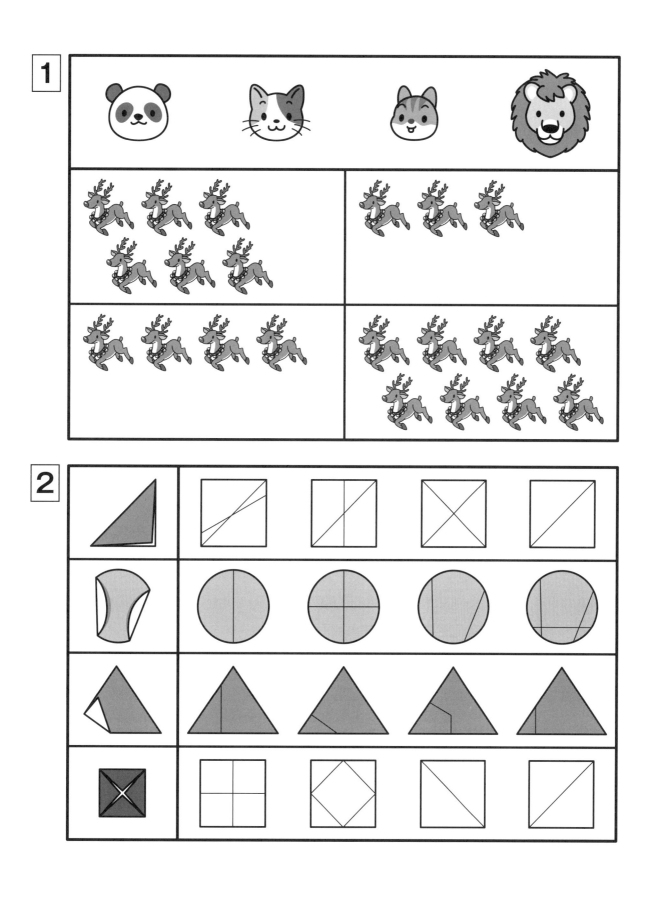

5

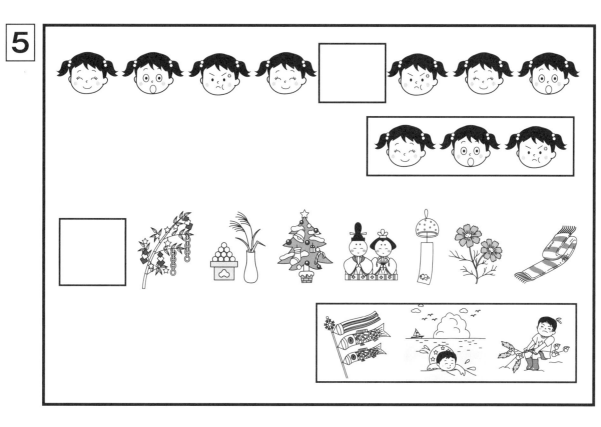

6

7 【お手本】

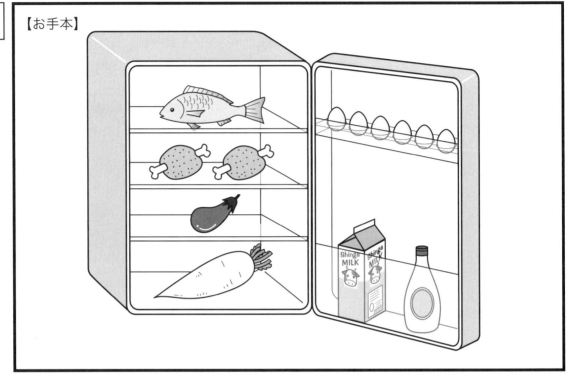

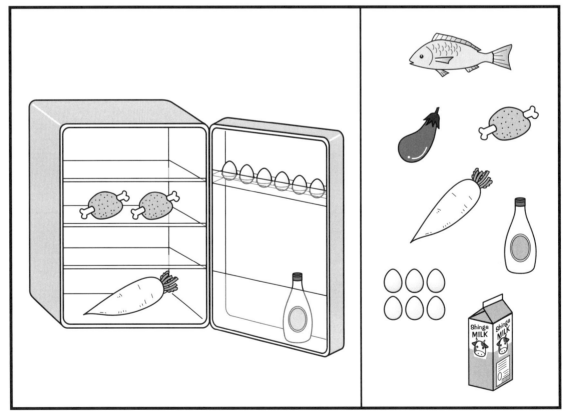

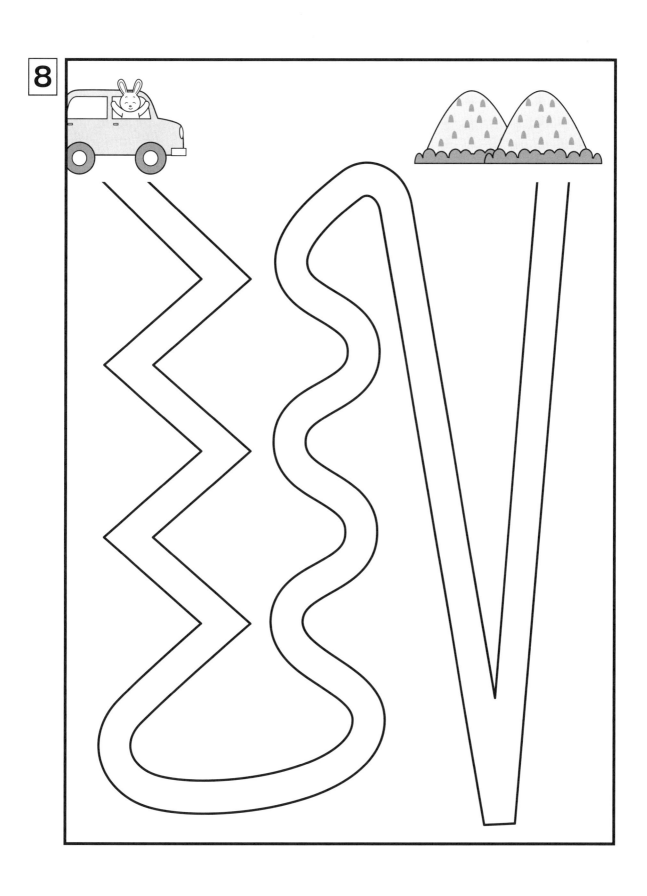

9

10 【机の上に用意されているもの】　〈台紙〉　【完成図】

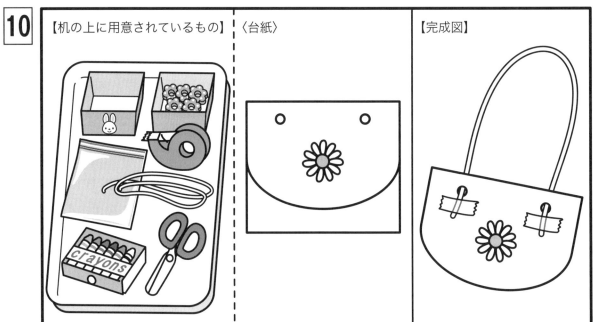

section
2022　田園調布雙葉小学校入試問題

■ 選抜方法

考査は1日で、生年月日の年少者から決められた受験番号順に6～8人単位で誘導され、ペーパーテスト、集団テストを行い、1人ずつ個別テストを行う。所要時間は約2時間。考査日前の指定日時に親子面接があり、第一と第二の面接を受ける。

┃ ペーパーテスト ┃ 筆記用具は青のクーピーペンを使用し、訂正方法は×(バツ印)。出題方法は話の記憶のみ音声、ほかは口頭。

1　話の記憶

「ふたばちゃんが、お父さんとお母さん、妹のはなちゃんと一緒に朝ごはんのオムライスを食べているとき、お母さんが『今日はみんなで美術館に行きましょうか』と言いました。ふたばちゃんが『美術館って何?』と聞くと、お父さんが『素晴らしい絵がいっぱい並んでいるところだよ。よし、オムライスを食べたら、みんなで美術館に行こう』と言ったので、家族でお出かけすることになりました。ふたばちゃんとはなちゃんは、さっそく準備をします。ふたばちゃんはチェックのワンピースを着て、ウサギの絵がついたバッグを持ちました。はなちゃんは白いシャツに水玉模様のスカートをはいて、パンダのぬいぐるみを持っていくことにしました。2人はお母さんに髪の毛を三つ編みにしてもらい、おそろいのリボンもつけてもらいました。準備ができると、いよいよお父さんの運転する車で出発です。美術館の近くに車を止めて、そこからみんなで歩いて行くことにしました。車から降りて少し歩くと、イチョウ並木がありました。黄色の葉っぱが道にたくさん落ちていて、とてもきれいです。『まるで黄色のじゅうたんみたいね』とお母さんが言いました。美術館に着いて最初に見た絵は、果物の絵でした。はなちゃんは、『これ、本物みたい!』と驚いたように言いました。海の絵や、ニッコリ笑っている女の人の絵も見ました。最後に出口のそばに飾ってあったのは、いろいろなポーズをした女の人の像でした。ふたばちゃんとはなちゃんはその像のまねをして、いろいろなポーズをしてみました。お家に帰る前に、2人は美術館にあるお土産屋さんでお土産を買ってもらいました。ふたばちゃんは鉛筆2本と絵はがき2枚、はなちゃんはキラキラした折り紙と絵はがきを1枚選びました。ふたばちゃんは絵はがきのうち1枚をおばあちゃんにあげようと思いました。お家に帰ってから、ふたばちゃんとはなちゃんはキラキラした折り紙を折って遊びました」

・ふたばちゃんたちが朝ごはんに食べたものを選んで○をつけましょう。

・美術館にお出かけしたとき、ふたばちゃんとはなちゃんはどんな格好でしたか。正しいものを選んで○をつけましょう。

・ふたばちゃんたちは、何に乗って美術館に行きましたか。正しいものを選んで○をつけましょう。
・ふたばちゃんたちが美術館で見た絵を2枚選んで、○をつけましょう。
・ふたばちゃんとはなちゃんが買ってもらったお土産が、全部描かれている四角に○をつけましょう。
・お話と同じ季節の絵に○をつけましょう。

2 数　量

・上の4つの四角がお約束です。動物たちはそれぞれ、顔の横にある数だけニンジンを持っています。では、その下を見ましょう。左のように動物たちがいるとき、持っているニンジンは全部で何本になりますか。その数だけ、それぞれの右側に○をかきましょう。

3 位置・記憶

下のマス目を隠して、上のお手本を約20秒見せる。その後、上のお手本を隠して下のマス目だけを見せる。

・それぞれのマス目の左上にある果物は、先ほど見たお手本のどこに描いてありましたか。そのマス目に○をかきましょう。

4 系列完成

・いろいろなマークや絵が、決まりよく並んでいます。空いている四角には、どのマークや絵が入るとよいですか。それぞれの右下から選んで○をつけましょう。

5 推理・思考（重ね図形）

・左の2枚の絵は、透き通った紙にかいてあります。この2枚をそのままずらしてピッタリ重ねると、どのようになりますか。正しいものを右から選んで○をつけましょう。

6 巧緻性

・花から花まで、道の真ん中を通って行きます。壁にぶつからず道の真ん中を通るように線を引きましょう。3つともやりましょう。

絵　画

・好きな絵（または生き物）を青のクーピーペンで描きましょう。

個別テスト

集団テストの最中に1人ずつ呼ばれて行う。

言語・常識

（ちりとりを見せられる）

・これは何ですか。

・これと一緒に使うものは何ですか。

・どうやって使いますか。

言　語

・知っている動物の名前を、できるだけたくさん言ってください。

言語（判断力）

・お友達と砂場遊びを始めたちょうどそのとき、ほかのお友達から「オニごっこをしよう」
と誘われました。あなたなら、どうしますか。

生活習慣

机の上に、割りばしと2つの箱が用意されている。手前の箱は空で、奥の箱には小さいハー
ト形のスポンジ（2cm大）とビーズがそれぞれ複数個入っている。

・割りばしを割ってください。

・箱の中のスポンジとビーズを、空の箱に割りばしで移しましょう。移し終わったら、割
りばしを置いてください。

観察力・巧緻性

モールに細長いビーズと丸いビーズを交互に通して作ったブレスレットのお手本、モール、
細長いビーズ2個、丸いビーズ3個が用意されている。

・お手本と同じになるように、ブレスレットを作りましょう。

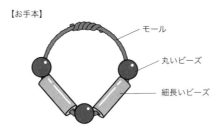

【お手本】
モール
丸いビーズ
細長いビーズ

集団テスト

制作・行動観察

机の上に台紙、クーピーペン（12色）、カラーテープ（緑）、はさみが用意されている。

・台紙の池の線をはさみで切りましょう。はさみの絵のある点線からはさみを入れてください。

・台紙の切り込みを、カラーテープを貼って留めましょう。

・台紙から切り取った池の中にある四角2つを、はさみで切り取りましょう。

・切り取った四角2つのうち、絵の描かれていない白い方には、動物や人など自分の好きなものを描いて色を塗りましょう。車が描かれた四角は、車に色を塗ってください。終わったら、台紙の池の周りに好きな絵を描いてよいですよ。

・四角2枚をそれぞれ点線で折り、車の方を池のふちに引っかけ、そのまま回すように動かして遊びましょう。

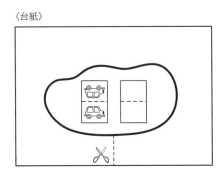
〈台紙〉

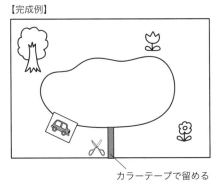
【完成例】

カラーテープで留める

親 子 面 接

第一面接

本 人

・お名前を教えてください。

・幼稚園（保育園）の名前を教えてください。

・この学校の名前を知っていますか。教えてください。

・お父さま、お母さまのお名前を教えてください。

・好きな遊びは何ですか。

父 親

・本校を志望する理由を1つだけ挙げるとすると、何ですか。

・本校を志望する決め手となったことをお聞かせください。

・本校を志望しようと思ったきっかけを教えてください。

・キリスト教教育についてのお考えをお聞かせください。
・女子校についてのお考えをお聞かせください。
・お仕事のやりがいは何ですか。
・なぜ今のお仕事に就くと決めたのですか。

母　親

・学生時代に打ち込んだことは何ですか。それを現在も続けていらっしゃいますか。その経験は子育てに生かされていますか。
・お仕事をしていらっしゃいますか。4月は学校にお子さまをお迎えに来ていただくことが多くなりますが、大丈夫ですか。急なお迎えには対応できますか。
・お仕事の内容について、差し支えない程度に教えてください。
・子育てとお仕事を、どのように両立されていますか。
・子育てをしていて困ったことはありますか。
・お子さまが女子校に通うことを希望する理由を教えてください。
・今までキリスト教にふれられたことはありますか。
・カトリック信者なのは、家族全員ですか。
・お母さまの子どものころの夢は何ですか。
・海外生活をなさる上で、大切にしていらしたことは何ですか。

📖 第二面接

本　人

・外遊びで好きなことは何ですか。理由も教えてください。
・お部屋の中の遊びで好きなことは何ですか。
・幼稚園（保育園）ではどんな遊びをするのが好きですか。
・お父さまのどんなところが好きですか。それはなぜですか。
・お母さまの好きなところを教えてください。
・お母さまの作るお料理では、何が好きですか。
・お手伝いはしていますか。そのお手伝いをどのようにしているのか、教えてください。
・宝物は何ですか。どうして大事なのか、お話ししてください。その宝物はどこで、どうやって手に入れましたか。
・大切にしているものは何ですか。2番目に大切にしているものは何ですか。
・好きな動物は何ですか。どうして好きなのか、お話ししてください。2番目（3番目）に好きな動物は何ですか。
・お家の方が読んでくれる本の中で、好きな本はありますか。

父 親

・奥さまがお子さまを大切にしていると感じるときは、どんなときですか。

・奥さまとお子さまのかかわりについて、一番すてきだなと思うエピソードを教えてください。

・奥さまは、ご家庭の中でどんな役割をなさっていますか。そのことについて、どのように思っていらっしゃいますか。

・奥さまのすてきなところは、どんなところですか。

・奥さまは、どのような存在ですか。

・お子さまとどのように過ごすことが楽しいですか。

・お子さまが夢中になっていること、熱中していることは何ですか。

・キリスト教の洗礼は受けていらっしゃいますか。所属教会はどちらですか。

・お子さまがお友達とけんかをされたときは、どのようなアドバイスをしますか。

母 親

・子育てで苦労されたことはありますか。具体的に教えてください。

・お子さまと過ごしていて、どのようなときに幸せを感じますか。

・お子さまはどのようなお手伝いをしていますか。お手伝いをしている様子をご覧になって、どのように思われますか。そのほかにもお手伝いはしていますか。

・お子さまがご主人のことを大切にしているなと感じるときは、どんなときですか。具体的に教えてください。

・お子さまがお母さまのことを大切にしているなと感じるときは、どんなときですか。

・お子さまの宝物は、何だと思いますか。

面接資料／アンケート 願書郵送時に、「本校志望にあたって」を同封して提出する。以下のような記入項目がある。

・氏名、生年月日、現住所、保育歴、現在籍園の所在地と電話番号、保護者氏名、保護者連絡先、家族構成、通学経路、受験に際し学校側に知らせておきたいこと。

1

1

2022

2

3

【お手本】

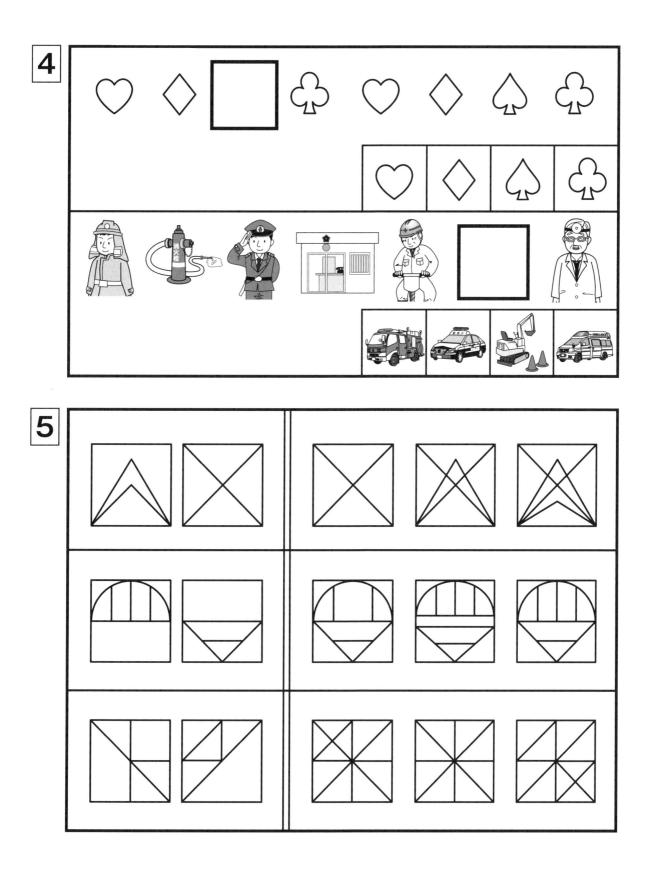

6

<small>section</small> 2021　田園調布雙葉小学校入試問題

■ 選抜方法

考査は1日で、生年月日の年少者から決められた受験番号順に6〜8人単位で誘導され、ペーパーテスト、集団テストを行い、1人ずつ個別テストを行う。所要時間は約2時間30分。考査日前の指定日時に親子面接があり、第一と第二の面接を受ける。

┃ ペーパーテスト ┃ 筆記用具は青のクーピーペンを使用し、訂正方法は×(バツ印)。出題方法は話の記憶のみ音声、ほかは口頭。

1 話の記憶

「10月になり、今日はいよいよふたばちゃんの運動会の日です。ふたばちゃんは朝、お母さんに起こされる前に自分で起きました。朝ごはんをいっぱい食べて、それから髪の毛を2つ結びにし、リボンのついた髪留めをつけました。そしてリュックサックと水筒を持って、後からやって来るお父さん、お母さん、弟よりも先に、1人で学校に出かけました。運動会では、ふたばちゃんはかけっこと玉入れに出ます。かけっこでは3位でしたが、玉入れではたくさん玉を入れられて大喜びです。そのうちにお昼になり、お弁当の時間がやって来ました。お母さんがおいしいお弁当を作って持ってきてくれています。ふたばちゃんと弟はサンドイッチを2つずつ、お父さんとお母さんはサンドイッチを4つずつ取り、リンゴはみんなで1切れずつ取りました。ふたばちゃんがサンドイッチを食べた後で『まだおなかがすいているなぁ』と言うと、お母さんが自分のサンドイッチを1つ分けてくれました。お弁当を食べた後は全員でのダンスです。男の子はカエル、女の子はウサギになってピョンピョン跳びました。運動会が終わると、みんなはメダルをもらいました。弟が『いいなぁ』と言うので、ふたばちゃんは弟の首にメダルをかけてあげました。そして家族みんなで電車に乗って、お家に帰りました。とても楽しい一日でした」

・運動会に行くときのふたばちゃんはどれですか。○をつけましょう。
・ふたばちゃんの家族が食べたお弁当の数が正しく描かれている四角はどれですか。○をつけましょう。
・ふたばちゃんが運動会で出た競争に○をつけましょう。
・ふたばちゃんの家族がお家に帰るときの様子に合う絵はどれですか。○をつけましょう。
・お話と同じ季節の絵に○をつけましょう。

2 常識（生活）

・左端の女の子がしているお手伝いで、一緒に使うものはどれですか。右から選んで○を

つけましょう。

3 数　量

- ふたばちゃんが、水槽の中の生き物を見ています。では、その下を見てください。水槽の中の生き物が何匹かずついなくなって、左端の四角の中にいるだけになりました。生き物はそれぞれの種類で、何匹いなくなりましたか。その数だけ、右側の四角に○をかきましょう。

4 絵の記憶

下の絵を隠して、上の絵を約20秒見せる。その後、上の絵を隠して下の絵だけを見せる。
- 先ほど見た絵と違うところに○をつけましょう。

5 系列完成

- いろいろな絵が、決まりよく並んでいます。空いている四角には、どのような絵が入るとよいですか。それぞれすぐ下から選んで○をつけましょう。

6 推理・思考（スタンプ）

- 左のスタンプを押すと、どのようになりますか。正しいものを右から選んで○をつけましょう。

7 推理・思考（四方図）

- 積み木を矢印の方から見ると、どのように見えますか。正しいものをそれぞれの下から選んで○をつけましょう。

8 巧緻性

- ハムスターがヒマワリの種まで、道の真ん中を通って行きます。ハムスターが壁にぶつからず道の真ん中を通るように、クーピーペンで線を引きましょう。3つともやりましょう。

個別テスト

言語（しりとり）

- （トナカイの絵を見せられる）この絵に描かれたものから始めて、しりとりをしましょう。たくさんつながるように、どんどん続けて言ってください。

言語（判断力）

・お手伝いをするときに気をつけていることをお話ししてください。

言語・常識（想像力）

・女の子が泣いています。なぜ泣いていると思いますか。
・あなたなら泣いている子に、何と声をかけますか。

巧緻性

画用紙1枚を巻いて輪ゴムで留めたお手本を見た後、画用紙と輪ゴムを渡される。
・お手本と同じになるように、この紙を巻いて輪ゴムで留めてください。

生活習慣

机の上に、はしと2つの箱が用意されている。手前にはし、その奥に空の箱があり、さらに奥にある箱には小さいビーズが7個入っている。
・箱の中のビーズを、空の箱におはしで移しましょう。

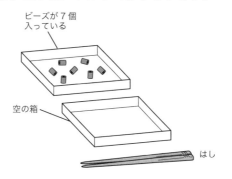

ビーズが7個
入っている

空の箱

はし

観察力・巧緻性

左側の穴にひもを通してチョウ結びされたネコの絵の冊子のお手本、ネコの絵が描かれ上下左右に2つずつ穴が開いている3枚の紙(白2枚、青1枚)、綴じひもが用意されている。テスターがお手本を手に取って開き、紙が白→青→白の順番で重なっている様子を実際に見せる。
・お手本と同じ順番に紙を重ね、同じところにひもを通してチョウ結びをしてください。

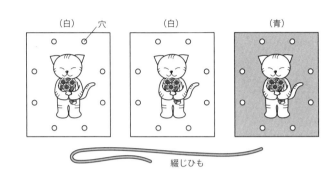

綴じひも

集団テスト

制作・行動観察

机の上のトレーに紙コップ2個、丸シール（大、小）、綴じひも、マスキングテープ、トレーの下に黄色の紙が用意されている。

・ケン玉を作りましょう。黄色の紙を丸めて玉を作り、ひもの片端をテープで貼りつけます。ひものもう片方の端を、紙コップの底にテープで貼りつけたら、もう1つの紙コップを底同士が重なるようにテープで貼り合わせましょう。最後に、シールで飾りをつけてください。ケン玉のできあがりです。

・ケン玉ができあがったら、お隣のお友達にぶつからないように遊びましょう。

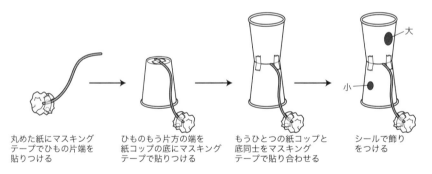

丸めた紙にマスキングテープでひもの片端を貼りつける

ひものもう片方の端を紙コップの底にマスキングテープで貼りつける

もうひとつの紙コップと底同士をマスキングテープで貼り合わせる

シールで飾りをつける

親子面接

第一面接

本人

・お名前を教えてください。
・この学校の名前を知っていますか。教えてください。

・この学校に来たことはありますか。

父　親

・本校を知ったきっかけをお聞かせください。
・本校を志望する決め手となったことをお聞かせください。
・カトリック教育についてのお考えをお聞かせください。
・お仕事で大切にしていることをお聞かせください。
・お仕事のやりがいは何ですか。
・女子校についてのお考えをお聞かせください。
・お子さまには将来どのようになってほしいですか。

母　親

・お仕事をしていらっしゃいますか。４月は学校にお子さまをお迎えにいらっしゃることが多くなりますが、大丈夫ですか。急なお迎えには対応できますか。
・学生時代に打ち込んだことは何ですか。それを現在も続けていらっしゃいますか。その経験は子育てに生かされていますか。
・カトリック教育についてのお考えをお聞かせください。
・女子校についてのお考えをお聞かせください。

第二面接

本　人

・お名前を教えてください。
・お手伝いはしますか。どのようなことをしますか。
・幼稚園（保育園）では何をして遊んでいますか。そのほかには何をして遊んでいますか。
・お父さまと、どのような遊びをしますか。
・お父さまの好きなところは、どのようなところですか。
・お母さまの好きなところは、どのようなところですか。
・お昼ごはんには何を食べましたか。
・おやつで好きなものは何ですか。
・魔法を使えるとしたら、何をしたいですか。そのほかにもう１つ魔法を使えるとしたら、何をしたいですか。
・お部屋の中でする好きな遊びは何ですか。
・お部屋の外でする好きな遊びは何ですか。

父　親

・お子さまはどのようなお手伝いをしていますか。

・お子さまがお手伝いする姿をご覧になって、どのように思われますか。

・お子さまが成長したと感じるのは、どのようなところですか。

・お子さまが熱中していることは何ですか。

・コロナ禍の中、社会で求められる力とはどのようなものだとお考えですか。

・奥さまは、どのような存在ですか。

・お子さまに誇れることはどのようなことですか。

・お子さまの将来に向けて、伝えたいことはどのようなことですか。

母　親

・子育てで苦労されたことはありますか。

・お子さまをほめたりしかったりするのはどのようなときですか。

・お子さまに、ご主人のことをどのように伝えていますか。

・ご主人とお子さまが遊んでいる姿をご覧になって、どのように思いますか。

・お子さまに誇れることはどのようなことですか。

・お子さまに伝えたいことは何ですか。

面接資料／アンケート

願書郵送時に、「本校志望にあたって」を同封して提出する。以下のような記入項目がある。

・氏名、生年月日、現住所、保育歴、現在籍園の所在地と電話番号、保護者氏名、保護者連絡先、家族構成、通学経路、受験に際し学校側に知らせておきたいこと。

2021 田園調布雙葉小学校

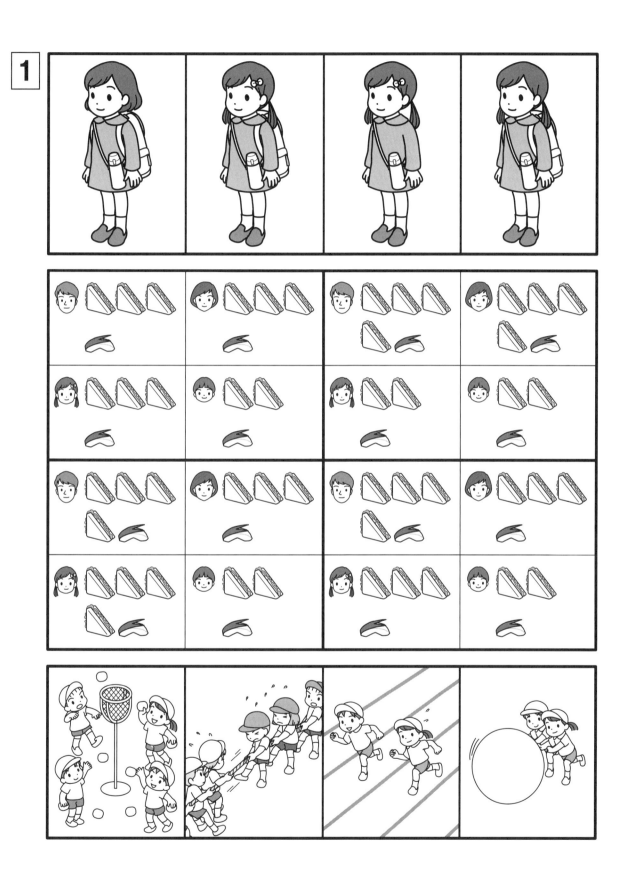

3

2021

4

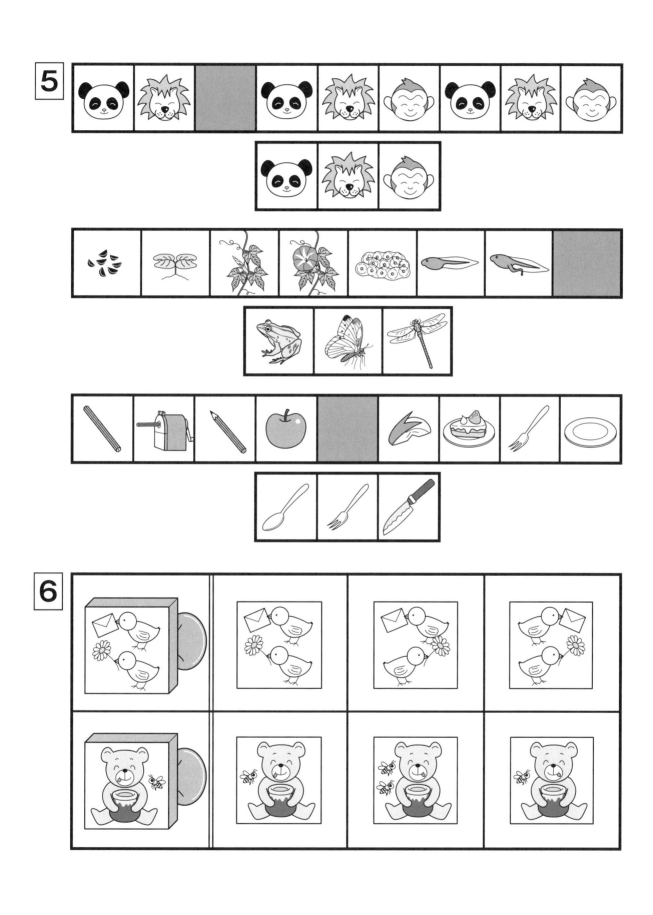

7

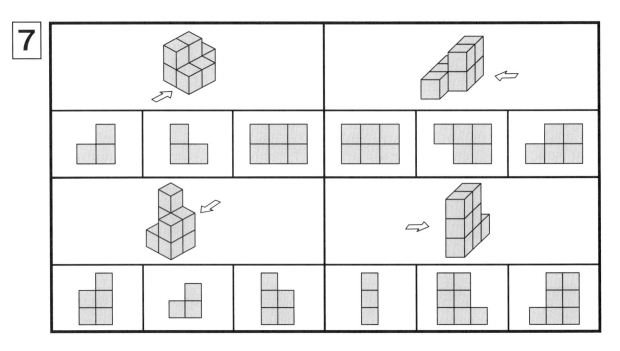

8

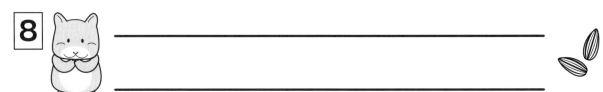

section
2020　田園調布雙葉小学校入試問題

■ 選抜方法

考査は1日で、生年月日の年少者から決められた受験番号順に約30人単位で誘導され、ペーパーテスト、集団テストを行い、1人ずつ個別テストを行う。所要時間は約2時間30分。考査日前の指定日時に親子面接があり、第一と第二の面接を受ける。

┃ ペーパーテスト ┃ 筆記用具は青のクーピーペンを使用し、訂正方法は×（バツ印）。出題方法は話の記憶のみ音声、ほかは口頭。

1 話の記憶

「ふたばちゃんは、お手伝いが大好きな女の子です。今日もお母さんのお使いで、1人でお出かけすることになりました。夕ごはんに使うジャガイモとキュウリ、それとパンを買いに行くのです。ふたばちゃんはワンピースを着て、お花のついた麦わら帽子をかぶり、水玉のバッグを持つと、『行ってきます』と言ってお出かけしました。まず八百屋さんで、ジャガイモ3個とキュウリ2本を買いました。八百屋のおじさんに『えらいね』と言われて、ふたばちゃんはうれしくなりました。次にパン屋さんに行きました。パン屋さんにはおいしそうなパンがたくさん並んでいます。ふたばちゃんは、お父さん、お母さん、お姉さんに家族みんなが好きそうなパンを3個ずつと、自分の分を2個買いました。買い物を終えて歩き出すと、荷物が重くて手が痛くなり、疲れてしまいました。それでも頑張って歩いていると、イヌの散歩をしているお友達とおばあさんに会いました。おばあさんに、『1人でお使いできて、えらいね』と言われたので、ふたばちゃんはそれに励まされて頑張って歩き続けました。すると、お家の前にはお母さんが待っていました。『今日は、シチューとサラダを作りましょう』と、お母さんは言いました。ふたばちゃんは、その日の夕ごはんをおいしく食べました」

・お買い物に行ったときのふたばちゃんはどれですか。合う絵に○をつけましょう。
・ふたばちゃんは左のものをそれぞれいくつ買いましたか。その数だけ右側に○をかきましょう。
・ふたばちゃんがお家に帰るときに会ったのは誰ですか。合う絵に○をつけましょう。
・ふたばちゃんの夕ごはんはどれでしたか。合う絵に○をつけましょう。

2 推理・思考（重さ比べ）

・それぞれの四角の中で重さ比べをしました。一番重いものをすぐ下から選んで○をつけましょう。

3 推理・思考（水の量）

　　・同じ大きさのコップに絵のように水が入っています。同じ大きさの角砂糖を1個ずつ入れると、水が一番甘くなるのはどのコップですか。○をつけましょう。

4 構　成

　　・左のお手本を、右側の形を使って作ります。使わないものに○をつけましょう。

5 絵の記憶

　　下の絵を隠して、上の絵を約20秒見せる。その後、上の絵を隠して下の絵だけを見せる。
　　・今見た絵にあったものはどれですか。○をつけましょう。

6 常識（仲間分け）

　　・それぞれの段で、1つだけ仲間でないものはどれですか。○をつけましょう。

7 巧緻性

　　・両側の壁にぶつからないように、黒い点から点までの道の真ん中に線をかきましょう。

8 巧緻性

　　青以外の色のクーピーペン数本が配られる。
　　・先生が「やめ」と言うまで、塗り絵をしましょう。

個別テスト

言語・常識

　　・リンゴを半分に切ったら、この中のどれになりますか。左から何番目の絵かお話ししてください。
　　・リンゴは、どうやって食べますか。

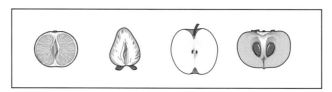

9 観察力・巧緻性

お手本、マス目のかかれた台紙と3、4色の丸シールが用意されている。

・お手本と同じになるように、シールを貼りましょう。

言語・常識

（アイロンを見せられる）

・これは何ですか。

・どんなことに気をつけてこれを使うとよいと思いますか。お話ししてください。

言語・常識

・もしお友達が急いでゴミを捨てようとして転んでしまったら、何と声をかけますか。

・泥だんごを作ろうと思いますが、うまく丸められません。あなたならどうしますか。

・知っている花の名前を、できるだけたくさん言ってください。

巧緻性

巻きす1枚を巻いて輪ゴムで留めたお手本を見た後、巻きす1枚と輪ゴムを渡される。

・さっきのお手本と同じになるようにしてください。

生活習慣

傘（ジャンプ式ではなく手開きのもの）が用意されている。

・傘を開いてから、閉じてください。

集団テスト

共同制作・行動観察

約6人のグループに分かれ、床に置かれた新聞紙の周りに座って行う。カゴの中に、魚やカニなどが描かれた台紙、丸がかかれた台紙、魚が描かれたシール用の台紙、クリップ、数色のシール、クレヨン、はさみが用意されている。バケツの中に、糸の先に磁石がついた釣りざおが用意されている。

・紙に描かれた魚やカニなどに色を塗り、はさみで切り取って海の生き物を作りましょう。時間が余ったら、丸がかいてある紙に好きな生き物を描いて切り取りましょう。

・作った生き物にクリップを留めて、グループのお友達と相談して先生が用意した紙の上に置きましょう。

・生き物を置いた紙を踏まないように気をつけながら、釣りざおで生き物を釣りましょう。釣った生き物の数だけ、台紙にシールを貼りましょう。貼るシールの色は、お友達と相談して決めてください。

🔖 ジャンケンゲーム

・「かもつれっしゃ」の曲に合わせて、自由に行進しましょう。曲が止まったらお友達とジャンケンをして、負けたらお友達の後ろについて肩に手を置き、列車になってください。「やめ」と言われるまで続けましょう。

🔖 リズム遊び

・手拍子をしながら、行進しましょう。
・手拍子をしながら、1、2、3の「3」でジャンプしましょう（しゃがみましょう）。

🔖 バランス

・その場でケンケンをした後に、片足バランスをしましょう。

親 子 面 接

🔖 第一面接

本 人

・お名前を教えてください。
・この学校の名前を知っていますか。教えてください。
・お父さま、お母さまのお名前を教えてください。
・お姉さま、お兄さまの名前を教えてください。お姉さまのことを何と呼んでいますか。

父 親

・志望動機をお聞かせください。
・カトリック教育についての考えをお聞かせください。
・お仕事でのやりがいを教えてください。
・なぜ今のお仕事をお選びになりましたか。
・卒業されたキリスト教教育の学校はどちらですか。
・ごきょうだいを本校に通わせてみて、今思っていらっしゃることをお聞かせください。

母 親

・女子校についての考えをお聞かせください。
・（卒業生の場合）本校を卒業して、子育てで役に立っていることは何ですか。
・学生時代に打ち込んだことは何ですか。それは現在の生活にどのようにつながっていま

すか。

・学生時代の先生の言葉で、今も覚えていることは何ですか。

・お仕事をしていらっしゃいますか。

・働いていらっしゃいますが、お子さまとはどのような時間を持っていますか。

・上のお子さまはどちらの学校に通っていますか。

・上のお子さまを通わせてみて大変な苦労もあったと思いますが、特に大変だったこと、苦労したことはどんなことですか。

・今のお子さまに必要な社会性は何だとお考えですか。社会性を身につけるという面で心掛けていらっしゃることはありますか。

第二面接

本 人

・お名前を教えてください。

・幼稚園（保育園）では何をして遊んでいますか。誰と遊んでいますか。

・お父さま、お母さまがすごいと思うのは、どのようなところですか。

・お父さま、お母さまの好きなところは、どのようなところですか。

・家族でお出かけするとき、どこに行くのが一番楽しいですか。

・お手伝いはしますか。どのようなことをしますか。

・きょうだいとは何をして遊びますか。

・魔法を使えるとしたら、何をしたいですか。

・将来なりたいものはありますか。どうしてなりたいのですか。

父 親

・奥さまのすてきなところはどのようなところですか。

・奥さまの好きなところはどのようなところですか。

・奥さまの作る料理で好きなものは何ですか。

・奥さまとお子さまが似ていると思うのはどのようなところですか。

・奥さまは、どのような存在ですか。

・奥さまの「ご主人のすてきなところ」のお答えを受けて、どのように思われましたか。

・お子さまに将来期待することは何ですか。

・お子さまがお手伝いをする姿をご覧になって、どのように思いますか。

・3人きょうだいの末っ子として、子育てをするうえで気をつけていることは何ですか。

・お子さまを育てていて苦労していることは何ですか。

・お子さまに誇れることはどのようなことですか。

・お子さまの将来に向けて、伝えたいことはどのようなことですか。

母　親

・子育てで困ったことはありますか。

・お母さまとお子さまの似ているところはどのようなところですか。

・ご主人とお子さまの似ているところはどのようなところですか。

・ご主人とお子さまが遊んでいる姿をご覧になって、どのように思いますか。

・ご主人のすてきなところはどのようなところですか。

・子育てをしていてうれしかったことはどんなことですか。

・お子さまをほめたりしかったりするのはどのようなときですか。

・同じ女性として、お子さまに伝えたいことは何ですか。

・ご主人は、どのような存在ですか。

・１週間のお休みがあったら、何をしたいですか。

・幸せだと感じるのはどのようなときですか。

・魔法を使えるとしたら、お母さまは何をしたいですか。

面接資料／アンケート　願書郵送時に、「本校志望にあたって」を同封して提出する。以下のような記入項目がある。

・氏名、生年月日、現住所、保育歴、現在籍園の所在地と電話番号、保護者氏名、保護者連絡先、家族構成、通学経路、受験に際し学校側に知らせておきたいこと。

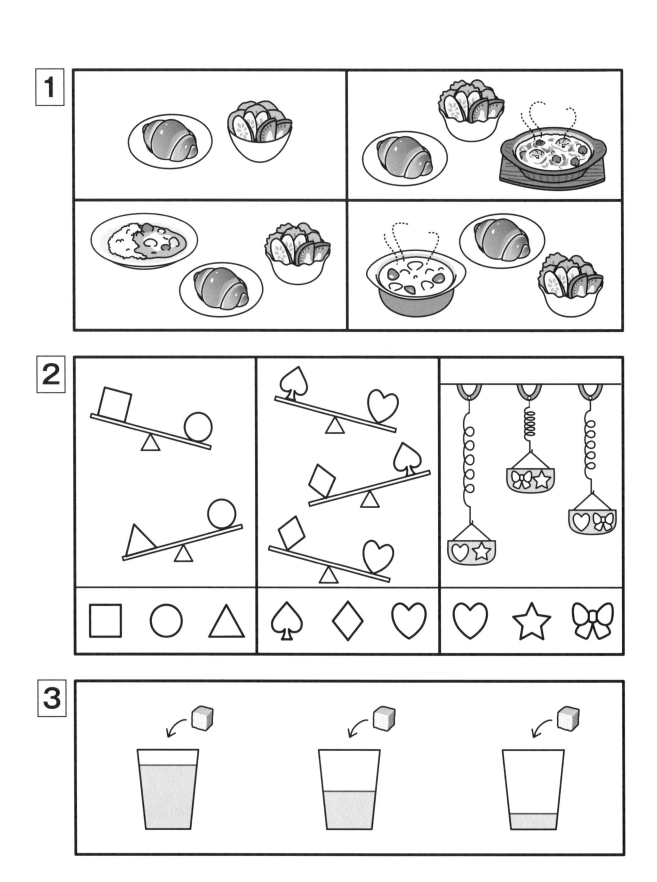

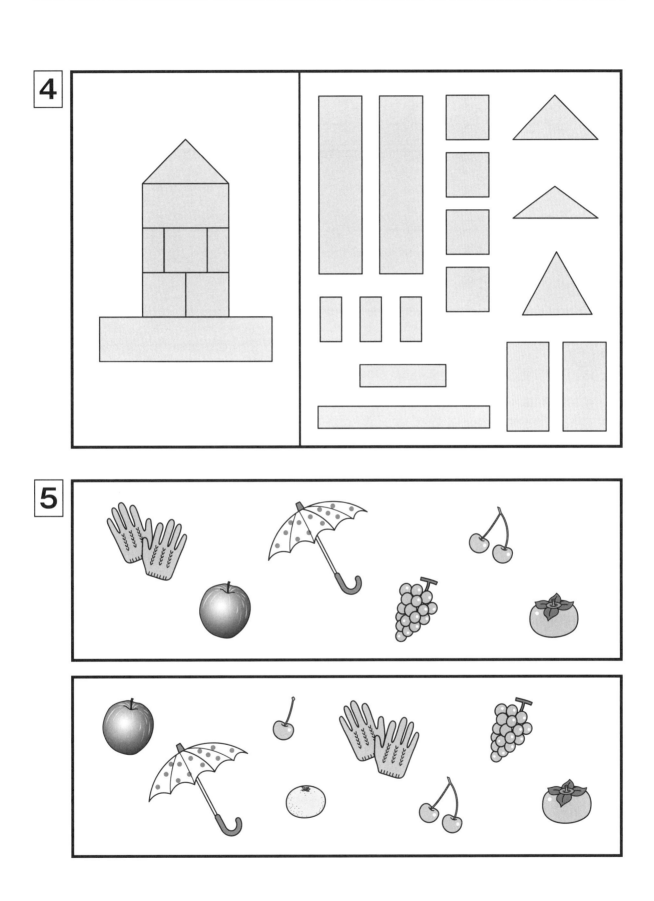

6

7

8

9 【お手本】

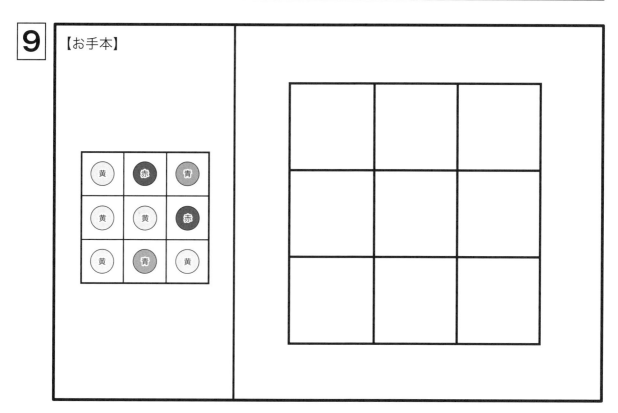

2019 田園調布雙葉小学校入試問題

■ 選抜方法

考査は1日で、生年月日の年少者から決められた受験番号順に約25人単位で誘導され、約6人単位で
ペーパーテスト、集団テストを行い、1人ずつ個別テストを行う。所要時間は約2時間30分。考査日
前の指定日時に親子面接があり、第一と第二の面接を受ける。

┃ ペーパーテスト ┃ 筆記用具は青のクーピーペンを使用し、訂正方法は×(バツ印)。出題方法は話の記憶のみ音声、ほかは口頭。

1 話の記憶

「ふたばちゃんは日曜日に、お父さんとお母さんと弟のたかし君と一緒に動物園へ行くこ
とになりました。動物園には、電車に乗って出かけます。電車に乗ると、お父さんが『日
曜日だから、電車がすいているね』と言いました。動物園に着くと入口の近くにゾウがい
て、長い鼻で『こんにちは』とあいさつをしてくれたように見えました。ふたばちゃんは
コアラを見るのを一番楽しみにしていましたが、コアラ舎のどこを探しても見つかりませ
ん。『コアラは恥ずかしくて隠れているのかな』と、お父さんは言いました。その後、み
んなでライオンやキリンを見ました。ふたばちゃんは、『コアラを見られなかったのは残
念だったけれど、ライオンやキリンを見られたのでよかったな』と思いました。そのうち
にお昼になったので、みんなでお弁当を食べることにしました。お弁当は、おにぎりを大
人に4個ずつ、子どもに2個ずつ用意してありました。ふたばちゃんは、おなかがすいて
いたのですぐに食べてしまいました。『もう1個食べたいな』と言うと、お母さんが1個
分けてくれました。ふれあい広場では、ふたばちゃんは小さいウマにニンジンをあげて、
たかし君はウサギにキャベツをあげました。ふたばちゃんがウサギを抱っこしてみると、
フワフワしていて気持ちよく、そっとなでるとウサギも気持ちよさそうにしていたので、
ふたばちゃんはニッコリしました。お家に帰るとき、たかし君は疲れてしまったのでお父
さんにおんぶしてもらいました。するとたかし君がすぐに眠ってしまったので、みんなで
バスで帰ることにしました。ふたばちゃんも、バスに乗って揺られているうちにぐっすり
眠ってしまいました。コアラは見られなかったけれど、楽しい1日でした」

・動物園で一番初めに見た動物はどれですか。上の4つから選んで○をつけましょう。
・そのほかに動物園で見た動物はどれですか。下の4つから2つ選んで○をつけましょう。
・ふたばちゃんの家族が食べたおにぎりの数が正しく描かれているものはどれですか。上
の4つから選んで○をつけましょう。
・動物園からお家に帰るときの様子が正しく描かれているものはどれですか。下の4つか

ら選んで○をつけましょう。

② 数量（マジックボックス）

・上の四角がお手本です。玉が魔法の箱を通ると、それぞれ数が増えたり減ったりします。
では、下の３つの四角のように魔法の箱を通ると、玉の数はそれぞれいくつになります
か。合うものをすぐ下から選んで○をつけましょう。

③ 系列完成

・いろいろな絵が、決まりよく並んでいます。空いている二重四角には、どのような絵が
入るとよいですか。それぞれすぐ下から選んで○をつけましょう。

④ 常識（生活）

・それぞれの絵の中で、女の子が今使いたいものはどれですか。すぐ下から選んで○をつ
けましょう。

⑤ 位置・記憶

上の絵を約15秒見せた後、隠す。
・ウサギさん、ゾウさん、イヌさん、リスさんはどこにいましたか。同じ場所に○をかき
ましょう。○は、それぞれの動物の横のマス目にかいてください。

⑥ 巧緻性

・点線をなぞりましょう。

⑦ 巧緻性

クーピーペン（12色）が配られる。
・先生が「やめ」と言うまで、塗り絵をしましょう。

個別テスト

言語・常識

（しゃもじを見せられる）
・これは何ですか。
・どのようなときに使いますか。
・使うときに気をつけることはありますか。

📙 言　語

　　・知っている果物を、できるだけたくさん言ってください。

8 言　語

　　（6種類の女の子の絵を見せられる）

　　・この中から、喜んでいる女の子を1人選んでください。何色の洋服の女の子ですか。

　　・その女の子は、どうして喜んでいるのですか。お話ししてください。

9 観察力・巧緻性

　　お手本、マス目がかかれた台紙、プラスチックの箱に入った丸いシール（赤、青、黄色、緑）が用意されている。

　　・お手本と同じになるように、シールを貼りましょう。

📙 生活習慣

　　机の上に、広げた風呂敷とタオルが用意されている。

　　・タオルを風呂敷で包んでください。包み終わったら、後ろの棚に入れてきてください。

📙 生活習慣

　　傘が開いたまま置いてある。

　　・開いている傘を閉じてください。

集団テスト

📙 共同制作・行動観察

　　約6人のグループに分かれて行う。丸、三角、四角の枠の中にケーキやプレゼントなどが描いてある紙、動物の顔が描いてあるうちわ、クレヨン、はさみがグループごとに中央のカゴに用意されている。

　　・紙に描いてあるケーキやプレゼントの絵を、クレヨンで塗りましょう。塗り終わったら、丸、三角、四角の枠に沿ってはさみで切り取りましょう。動物のうちわを使って、グループのお友達と動物たちのパーティーごっこをして遊びましょう。

📙 ジャンケンゲーム

　　・先生と「あっち向いてホイ」ゲームをしましょう。

　　・「かもつれっしゃ」の曲に合わせて、自由に行進しましょう。曲が止まったらお友達と

ジャンケンをしてください。勝ったらお友達の前、負けたらお友達の後ろについて並び、後ろの人は前の人の肩に手を置いて列車になりましょう。全員が1つの列車になるまで遊びましょう。

親子面接

■ 第一面接

本 人

・お名前を教えてください。
・この学校の名前を知っていますか。教えてください。

父 親

・志望動機をお聞かせください。
・この学校を知ったきっかけは何ですか。
・カトリック教育についての考えをお聞かせください。
・女子校であることのマイナス面について、どのようにお考えですか。
・今後社会で求められる資質は何だと思いますか。
・ご家庭において、父親の役割は何だと思いますか。
・父親として大切にしていることは、どのようなことですか。
・お仕事でのやりがいを教えてください。
・学生時代に頑張ったことは何ですか。

母 親

・女子校についての考えをお聞かせください。
・(女子校出身の場合)どちらの学校に通われていましたか。
・(女子校出身の場合)ご出身の学校でなく、なぜ本校を志望されたのですか。
・学生時代に打ち込んだことは何ですか。
・卒業された後、どのようなご職業に就きましたか。
・現在お仕事はされていますか。最初の1ヵ月は学校にお越しいただくことも多いかと思いますが、大丈夫ですか。

■ 第二面接

本 人

・幼稚園（保育園）では、何をして遊んでいますか。なぜその遊びが好きなのですか。

・お父さま、お母さまとお家でどんな遊びをしますか。

・お家ではどのようなお手伝いをしますか。

・お父さま、お母さまからどんなことでほめられ（しかられ）ますか。

・お家ではお父さま、お母さまはどのようなときに楽しそうにしていますか。

・大人になったら何になりたいですか。どうしてなりたいのですか。

父　親

・お子さまが大人になったとき、どのようなことに期待しますか。

・子育てをしていて、どのようなことに幸せを感じますか。

・お子さまに伝えていきたいことは何ですか。

・父親として、お子さまに誇れることは何ですか。

・奥さまは、ご家庭でどのような存在ですか。

・お子さまと、どのようにかかわっていらっしゃいますか。

・最近、どのようなことでお子さまをしかりましたか。

母　親

・どのようなお子さまですか。

・お子さまのよいところは、どのようなところですか。それは最近、どのような場面で見られましたか。

・最近、どのようなことでお子さまをほめましたか。

・子育てで大事にしていることは何ですか。それをどのように実践なさっていますか。

・子育てをしていて、どのようなことに幸せを感じますか。

・子育てで何かお困りのことはありますか。それはどのようなことですか。

・お母さまとお子さまの、似ているところはどのようなところですか。

・同じ女性として、お子さまに伝えたいことは何ですか。

面接資料／アンケート

「本校志望にあたって」を願書提出時に提出する。以下のような記入項目がある。

・氏名、生年月日、現住所、保育歴、現在籍園の所在地と電話番号、保護者氏名、保護者連絡先、家族構成、通学経路、受験に際し学校側に知らせておきたいこと。

1

1

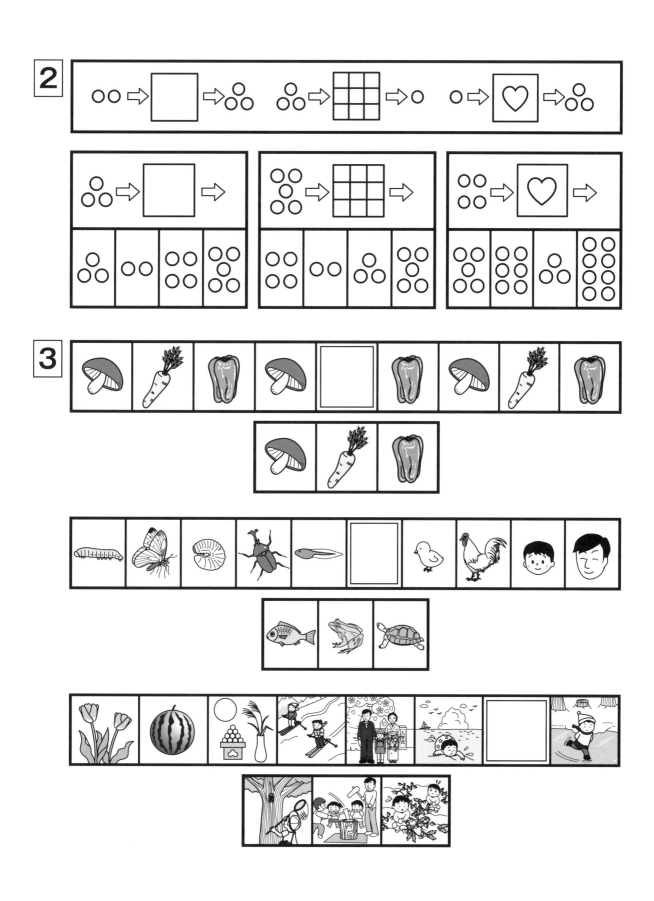

4

5

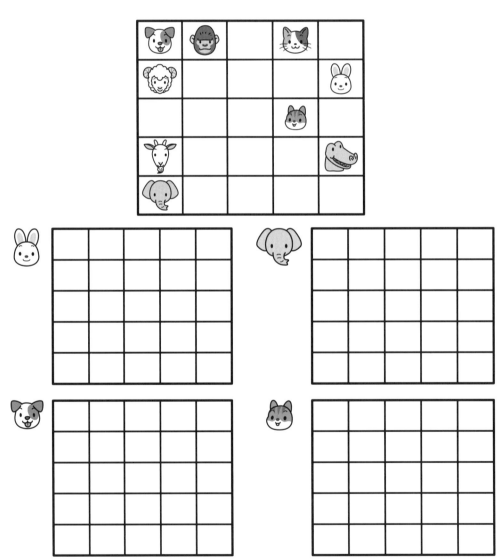

8

9 【お手本】

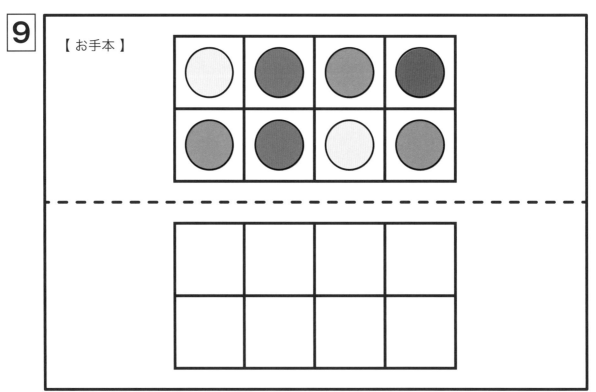

^{section}
2018 田園調布雙葉小学校入試問題

■ 選抜方法

考査は1日で、生年月日の年少者から決められた受験番号順に約25人単位で誘導され、約6人単位で
ペーパーテスト、集団テストを行い、1人ずつ個別テストを行う。所要時間は約2時間30分。考査日
前の指定日時に親子面接があり、第一と第二の面接を受ける。

┃ ペーパーテスト ┃ 筆記用具は青のクーピーペンを使用し、訂正方法は×(バツ印)。出題方法は話の記憶のみ音声、ほかは口頭。

1 話の記憶

「リスさんが、ウサギさんとクマ君に『今日は、ふたばの森に行こうよ』と言いました。ウサギさんが『どんな森なの?』と聞くと、クマ君が『ふたばーばという、お願い事をかなえてくれる魔法使いのおばあさんが住んでいる森だよ』と答えました。空が曇っていましたが、リスさん、ウサギさん、クマ君は一緒にふたばの森に行くことにしました。ふたばの森に行く途中で橋を渡ろうとすると、そこにふたばの森の魔法使いのおばあさんが倒れていました。リスさんが『だいじょうぶですか?』と声をかけて、おばあさんを助けて立ち上がらせてあげました。魔法使いのおばあさんは、右手につえを持っていて、キノコ模様の半袖の服を着ています。リスさんが『一緒に橋を渡りましょうか』と声をかけて、ウサギさんが一番前、クマ君が一番後ろ、クマ君の前をおばあさん、おばあさんの前をリスさんが歩いて橋を渡りました。そのままみんなで一緒に歩いて、おばあさんのお家に着きました。おばあさんは『ありがとう。お礼に何かお願い事をかなえてあげましょう』と言いました。喜んだウサギさんが『わたしにはお花の模様の長袖の服をください』とお願いすると、おばあさんは魔法ですてきな服を出してくれました。リスさんとクマ君が『いいな』、『ウサギさんだけずるいよ』と言って泥のついた手で触ったので、その服は黒く汚れてしまい、けんかになってしまいました。そのうちに雨がポツポツと降ってきたので、おばあさんは助けてくれたみんなへのお礼に、水玉模様の傘を1本くれました。おばあさんのお家を出て、クマ君が『どうして僕たちは傘を1本しかもらえなかったのかな』と不思議そうに言うと、ウサギさんは『わたしだけお洋服をもらって、ごめんなさい』と言いました。するとリスさんが、『傘を1本だけくれたのはきっと、みんなで仲よく使いなさいね、ということなんだよ』と言って、クマ君も『そうだね』とニッコリ。そしてみんなで1本の傘に入って仲直りをして、ニコニコしながら帰りました」

・リスさん、ウサギさん、クマ君、おばあさんは、どの順番で橋を渡りましたか。○をつけましょう。

- ふたばの森のおばあさんはどれですか。○をつけましょう。
- 動物たちがふたばの森のおばあさんのお家から帰るときの様子はどれですか。○をつけましょう。

2 推理・思考（回転図形）

- 左の絵を矢印の方にコトンと1回倒すと、どのようになりますか。右から選んで○をつけましょう。

3 系列完成

- いろいろな絵が決まりよく並んでいます。空いている四角にはどの絵が入りますか。下から選んで○をつけましょう。

4 推理・思考（重さ比べ）

- シーソーで重さ比べをしました。一番重いものはどれですか。右から選んで○をつけましょう。

5 巧緻性

- 黒丸から黒丸まで、点線をなぞりましょう。

6 巧緻性

青以外の色のクーピーペンが数本配られる。
- 先生が「やめ」と言うまで、塗り絵をしましょう。

個別テスト

7 言語・常識（交通道徳）

（駅のホームの絵を見せられる）
- 電車を正しく待っている人を指でさしましょう。
- どうして正しいのか、お話ししてください。
- いけないことをしている人を指でさしましょう。
- どうしていけないのか、お話ししてください。

言　語

- 知っている野菜を、できるだけたくさん言いましょう。

🔖 巧緻性

大きさと色の異なる紙2枚と、折り紙1枚が入ったクリアフォルダが、お手本として渡される。このお手本を見た後、A3判黄色の紙、A4判ピンクの紙、青い折り紙、A4判のクリアフォルダが渡される。

・お手本と同じになるように、クリアフォルダに入れましょう。

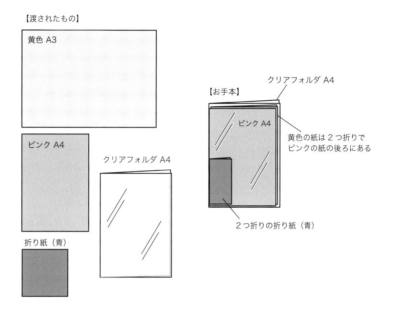

🔖 生活習慣・巧緻性

机の上に、ひもでチョウ結びをしてあるお手本の箱、結ばれていないひもが出ている箱が置いてある。

・お手本と同じになるように、ひもを結びましょう。

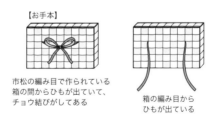

8 観察力

お手本、マス目がかかれた台紙、数色のおはじきが入ったトレーを渡される。

・お手本と同じようにおはじきを置きましょう。

2023
2022
2021
2020
2019
2018
2017
2016
2015
2014

集団テスト

共同制作・行動観察

約6人のグループごとに、床に貼られた模造紙の周りに座る。グループごとに配られるカゴの中に、丸、三角、四角がかいてある紙、はさみが用意されている。

・紙にかいてある丸、三角、四角を、はさみで切り取りましょう。グループのお友達と相談して、切った形を大きな紙の上に並べて海の生き物を作りましょう。
・今度は切った形を大きな紙の上に並べてお城を作りましょう。
・ほかのグループはどんなお城を作ったのか、見に行ってみましょう。

ジャンケンゲーム

・先生とジャンケンをしましょう。先生が出したものに勝つように手を出してください。
・体全部を使って、ジャンケンをしましょう（グーはしゃがむ、チョキは手足を前後に出す、パーは両手両足を大きく広げる）。
・「かもつれっしゃ」の曲に合わせて行進をしましょう。曲が止まったらお友達とジャンケンをしてください。負けたらお友達の後ろについて肩に手を置き列車になってください。

親 子 面 接

第一面接

本 人

・お名前を教えてください。
・この学校の名前を知っていますか。教えてください。

父 親

・カトリック教育についてのお考えを聞かせてください。
・（クリスチャンの父親に）信仰を持ったきっかけは何ですか。
・女子校教育についてどのように思われますか。
・お仕事でのやりがいを教えてください。
・お仕事で得たものは何ですか。
・このような時代ですが、お子さまが社会人になったらどのようになってほしいですか。

母　親

・お母さまは女子校に通われたご経験はありますか。

・（女子校出身の母親に）どちらの学校に通われていましたか。

・ご出身の学校でなく、本校を志望されたのはなぜですか。

・学生時代に頑張ったことは何ですか。社会に出てからどのように生かされましたか。

・学生時代のことで、最も印象に残っていることは何ですか。

・学生時代に苦労したことは何ですか。

・お仕事はされていますか。最初の1ヵ月は学校にお越しいただくことが多いかと思いますが、大丈夫ですか。

・上のお子さまの通われている学校はどちらですか。同じ学校でなくともよいのですか。

・上のお子さまは公立ですが、下のお子さまに公立でなく私立を希望されたのはなぜですか。

📖 第二面接

本　人

・お父さまとお母さまと、どこに出かけたときが楽しかったですか。

・お父さまとお母さまと、何をするときが楽しいですか。

・お父さまとお母さまとはお家でどのような遊びをしますか。

・お父さまのすてきなところはどこですか。

・お父さまとお母さまの好きなところはどこですか。

・お母さまの作るお料理は何が好きですか。お母さまとお料理は作りますか。何を作りますか。そのときどのようなお手伝いをしますか。

・嫌いな食べ物は何ですか。

・最近ほめられたことは何ですか。

・最近できるようになったことは何ですか。

・妹さん（弟さん）とは何をして遊びますか。

父　親

・尊敬している人を教えてください。

・最近、どのようなことでお子さまをしかりましたか。

・お子さまが生まれてよかったことは何ですか。

・子育てしていて幸せだと感じるときはいつですか。

・お子さまを授かって、ご自身はどのように変わりましたか。

・奥さまのお料理では何が好きですか。

・奥さまとお子さまの似ているところは、どのようなところですか。

母　親

・子育てで大事にしていることは何ですか。それをどのように実践なさっていますか。
・お子さまが嫌いなものを食べないときは、どのような工夫をされていますか。
・お子さまを育てる際に、生活習慣などで気をつけていることは何ですか。
・同じ女性として、お子さまに伝えたいことは何ですか。
・ご家庭を色でたとえると何色ですか。その中心になっているのはどなたですか。
・ご主人のよいところで、お子さまに受け継いでほしいところはどこですか。

面接資料／アンケート　　「本校志望にあたって」を願書提出時に提出する。以下のような記入項目がある。

・氏名、生年月日、現住所、保育歴、現在籍園の所在地と電話番号、保護者氏名、保護者連絡先、家族構成、通学経路、受験に際し学校側に知らせておきたいこと。

1

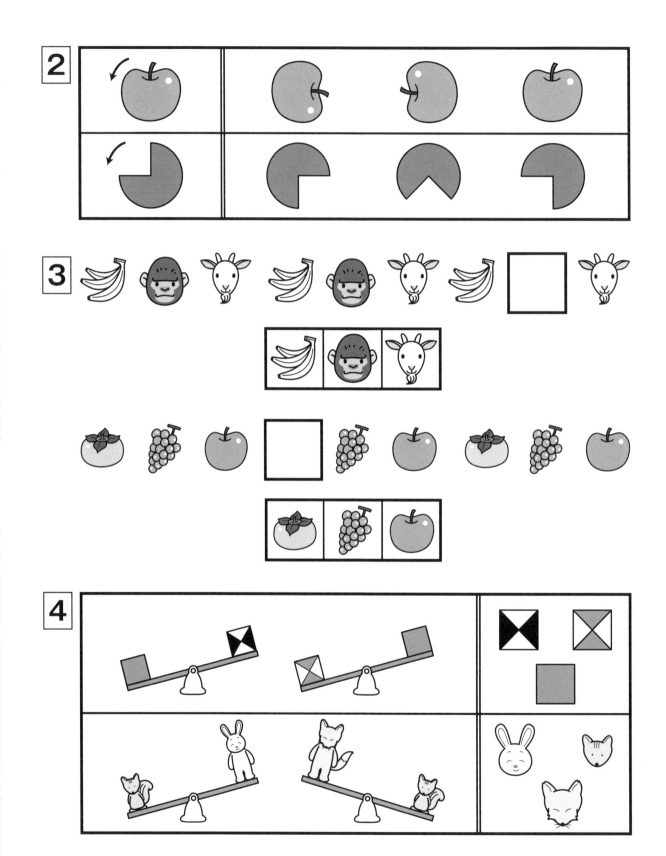

5

6

7

8

【 お手本 】

青	青	黄	白	赤
赤	白	赤	緑	緑

section 2017 田園調布雙葉小学校入試問題

■ 選抜方法

考査は１日で、生年月日の年少者から決められた受験番号順に約25人単位で誘導され、約６人単位で
ペーパーテスト、集団テストを行い、１人ずつ個別テストを行う。所要時間は約２時間30分。考査日
前の指定日時に親子面接があり、第一と第二の面接を受ける。

┃ ペーパーテスト ┃ 筆記用具は青のクーピーペンを使用し、訂正方法は×（バツ印）。出題方法は話の記憶のみテープ、ほかは口頭。

1 話の記憶

「暑い夏が過ぎて、秋になりました。クマ君、サル君、ウサギさん、ゾウさんは、みんなで一緒にふたばランドに行くことになりました。クマ君は、長ズボンをはいて、真ん中にチューリップの絵が描いてあるシャツを着て、帽子をかぶって準備をしました。リュックサックに傘、レジャーシート、お弁当を入れて、さあ出発です。クマ君がふたばランドに着くと、ウサギさんとゾウさんはもう着いていましたが、サル君はまだ来ていませんでした。サル君は来る途中でカキを集めていて、『ごめん、ごめん、遅れちゃった』と言いながら後からやって来ました。ふたばランドでは、みんなで汽車に乗ることにしました。ウサギさんは『怖いから一番後ろに乗るね』と言いました。クマ君は、怖がっているウサギさんに『僕がそばに乗ってあげるよ』と言ってウサギさんの前に乗りました。サル君は一番前、ゾウさんは前から２番目に乗り、怖がっていたウサギさんも笑顔になりました。その後、メリーゴーラウンドに乗ったり、すべり台をすべったり、野原で走り回ったりして遊んでいるうちにおなかがすいたので、クマ君が持ってきたレジャーシートを広げて、みんなでお弁当を食べました。サル君は集めて持ってきたカキをみんなに２つずつ配ってくれましたが、サル君の分が１つ足りなくなってしまいました。サル君は『僕は１つでいいよ』と言って、おいしそうにカキを食べました」

- クマ君がリュックサックに入れたものは何ですか。正しい絵に○をつけましょう。
- ふたばランドに行ったときのクマ君の格好はどれですか。○をつけましょう。
- ふたばランドでみんなが遊んでいないものはどれですか。○をつけましょう。
- ふたばランドで動物たちは汽車に乗りました。では、お話の通りの順番で乗っている絵に○をつけましょう。
- 動物たちはカキをいくつずつ食べましたか。正しい絵に○をつけましょう。

2 位置・記憶

上の絵を見せた後、隠す。

・ゾウさん、キツネさん、リスさん、タヌキさんはどこにいましたか。同じ場所に○をかきましょう。○はそれぞれの動物の横のマス目にかいてください。

③ 系列完成

・絵が決まりよく並んでいます。空いているところにはどのような絵が入るとよいですか。すぐ下の四角から選んで○をつけましょう。

④ 推理・思考（四方図）

・机の上の積み木を男の子から見ると、どのように見えますか。○をつけましょう。

⑤ 推理・思考（回転図形）

・左端の形を矢印の方向にコトンと１回倒すとどのようになりますか。右から選んで○をつけましょう。

⑥ 巧緻性

・絵の点線をなぞりましょう。

⑦ 巧緻性

青以外の色のクーピーペンが数本配られる。

・先生が「やめ」と言うまで、塗り絵をしましょう。

個別テスト

⑧ 言語・常識（道徳）

（公園の絵を見せられる）

・いけないことをしている人がいたらお話ししてください。

・どうしていけないのですか。お話ししてください。

■ 言語（しりとり）

・「スイカ」から始めて、１人でしりとりをしましょう。できるだけ長くつなげてください。

■ 巧緻性

色画用紙３枚が上から小さい順に重なって入っているクリアフォルダが、お手本として渡される。一番上の画用紙はウサギの絵が描いてある。このお手本を見た後、Ａ４判白とＢ

5判黄色の紙、ゾウとウサギの絵が描いてあるA4判ピンクの紙と、A4判のクリアフォルダ1枚が渡される。

・お手本と同じになるように、色画用紙をクリアフォルダに入れてください。

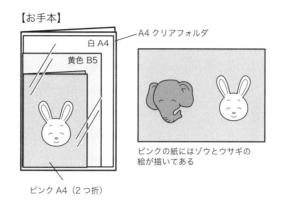

【お手本】
A4クリアフォルダ
白A4
黄色B5
ピンクの紙にはゾウとウサギの絵が描いてある
ピンクA4（2つ折）

生活習慣

机の上に2つ箱が置いてある。奥の箱は空で、手前の箱には3cmくらいの綿のようなフワフワした玉が5つ入っており、さらにその手前におはしが置かれている。

・手前の箱に入っているものを、奥の空の箱におはしで移してください。

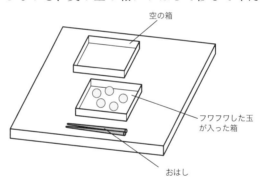

空の箱
フワフワした玉が入った箱
おはし

生活習慣

約15cm四方の箱と風呂敷を渡される。

・箱を風呂敷で包みましょう。

集団テスト

共同制作・行動観察・ゲーム

約6人のグループごとに、約20cm四方の発泡スチロールでできたサイコロ形の積み木1個、サイコロの目が点線でかいてある画用紙、新聞紙、折り紙、クレヨン、液体のり、セロハンテープ、はさみがカゴの中に用意されている。

・グループのお友達と相談して、ここにあるものを使ってすてきなサイコロを作ってください。果物やお花、動物など、いろいろな飾りつけをすると、すてきになりますね。
・ほかのグループはどのようなサイコロを作ったか見に行きましょう。
・作ったサイコロで、グループのお友達と自由に遊びましょう。
・チーム対抗でゲームをします。各グループでゼッケンの番号順に2人1組のチームになり、一緒にサイコロを振ります。出た目が一番多い数のチームが勝ちです。負けたチームは、勝ったチームに拍手しましょう。

親 子 面 接

📑 第一面接

本 人

・お名前を教えてください。
・この学校の名前を知っていますか。

父 親

・カトリック教育についてのお考えをお聞かせください。
・女子校についてどのようにお考えですか。
・お仕事でやりがいを感じるのはどのようなときですか。
・単身赴任でいらっしゃいますが、理由をお聞かせください。
・お住まいが遠いですが、お引っ越しのご予定はございますか。
・本校を知ったきっかけをお聞かせください。

母 親

・女子校についてどのようにお考えですか。
・お母さまは女子校に通われたご経験はありますか。
・12年間の女子校生活で、お子さまに期待することは何ですか。
・カトリック教育についてのお考えをお聞かせください。
・ご出身の学校でなく、なぜこの学校を志望されましたか。
・お子さまを育てていて、苦労することはありますか。
・海外に住んでいらして、お子さまの日本語はいかがでしょうか。
・お仕事はされていますか。今のお仕事を選んだ理由をお聞かせください。
・お仕事をされていますが、学校行事には参加できますか。
・（父親欠席のため）ご主人をご紹介ください。ご主人はどのようにお子さまとの時間を

つくっていらっしゃいますか。

第二面接

本 人

・幼稚園（保育園）から帰ったら、何をして過ごしていますか。

・お家の中（外）では、何をして遊びますか。

・お母さまとお料理をすることがあると思いますが、何を作りますか。そのときどのようなお手伝いをしますか。

・お父さまとはどのようなことをして遊びますか。

・お父さまにお願いしたいことはありますか。それは何ですか。

・きょうだいとはどのようなことをして遊びますか。

父 親

・ご自身のお仕事のことを、お子さまにどのように説明していますか。

・父親として、どのようなところをお子さまに誇れますか。

・趣味は何ですか。

・お休みの日は、どのようにお過ごしですか。

・奥さまとお子さまの似ているところは、どんなところですか。

母 親

・幼稚園（保育園）やお友達から、お子さまについてどのように聞いていますか。

・お子さまは手先が器用とのことですが、どのようなときにそう感じますか。

・ご自身のお仕事について、お子さまにどのように伝えていますか。

・お忙しいご主人のことを、お子さまにどのように伝えていますか。

・お子さまが通っている幼稚園（保育園）のよいところは、どのようなところですか。

・趣味は何ですか。

・お母さまとお子さまの似ているところについて、ご主人のお話をお聞きになって、どう思いましたか。

面接資料／アンケート

「本校志望にあたって」を願書提出時に提出する。以下のような記入項目がある。

・氏名、生年月日、現住所、保育歴、現在籍園の所在地と電話番号、保護者氏名、保護者連絡先、家族構成、通学経路、受験に際し学校側に知らせておきたいこと。

2

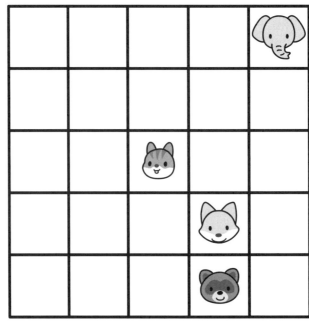

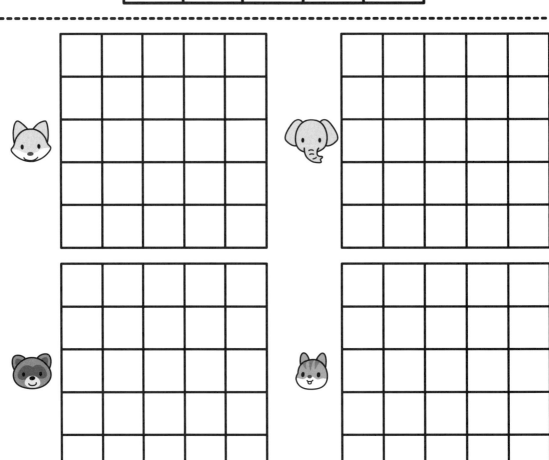

5

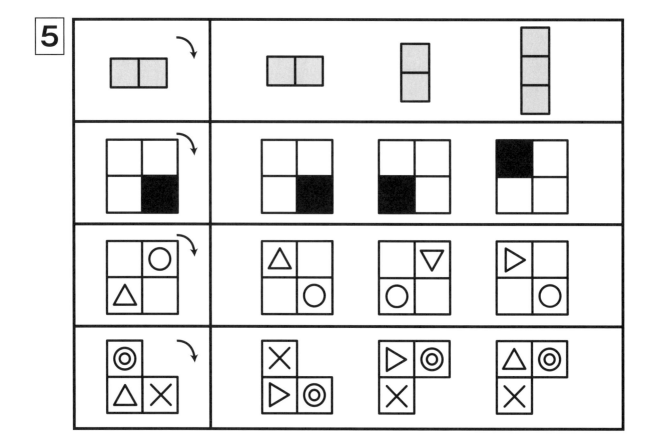

6

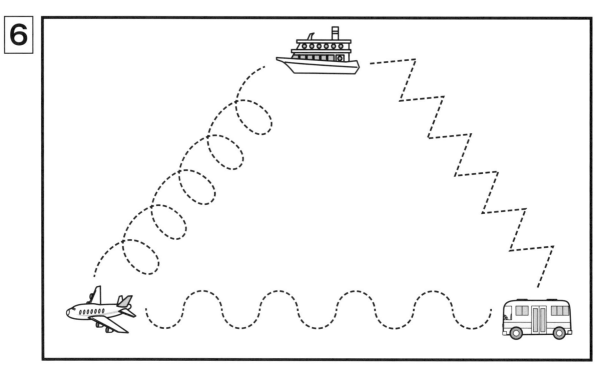

7

8

2017

2016 田園調布雙葉小学校入試問題

■ 選抜方法

考査は1日で、生年月日の年少者から決められた受験番号順に約6人単位で誘導され、ペーパーテスト、個別テスト、集団テストを行う。所要時間は約2時間30分。考査日前の指定日時に親子面接があり、第一と第二の面接を受ける。

■ ペーパーテスト ▎ 筆記用具は青のクーピーペンを使用し、訂正方法は×（バツ印）。出題方法は話の記憶のみテープ、ほかは口頭。

1 話の記憶

「ふたばちゃんは、いつもお友達と一緒に学校に行きます。道路ではお友達と手をつないで横に並んで歩くと危ないので、縦一列になって歩きます。学校へ行く途中、公園があります。公園にはブランコはないけれど、一輪車、すべり台、シーソー、砂場があります。ふたばちゃんは、一輪車はまだ1人では乗れません。学校に着くと、ふたばちゃんは折り紙を折ったり、本を読んだりして、先生がいらっしゃるのを待ちました」

・学校へ行く途中のふたばちゃんとお友達の様子が描かれた絵はどれですか。○をつけましょう。
・学校の近くの公園になかったものはどれですか。○をつけましょう。
・ふたばちゃんが1人で乗れないものはどれですか。○をつけましょう。
・ふたばちゃんが先生を待っているときにしていたことは何ですか。○をつけましょう。

2 巧緻性

・動物たちが歩いた道が点線でかいてあります。それぞれの点線をなぞりましょう。

3 系列完成

・絵が決まりよく並んでいます。空いているところにはどのような絵が入るとよいですか。すぐ下の四角から選んで○をつけましょう。

4 推理・思考（スタンプ）

・左のスタンプを押したらどのようになりますか。右から選んで○をつけましょう。

5 常識（昔話）

・それぞれの段に昔話の絵があります。同じ段の絵の中からそのお話の仲間ではないもの

を選んで○をつけましょう。

6 位置・記憶

左のお手本を15秒見せた後隠し、右を見せる。
・今見たものと同じになるように、マス目の同じ場所に印をかきましょう。

7 推理・思考（比較）

・それぞれの形の黒いところと白いところではどちらが広いですか。広い方に○をつけましょう。○は右の四角につけてください。

8 観察力（欠所補完）

・左のパズルの黒く塗られているところに入るものを、右の絵の中から探して○をつけましょう。

9 数量・構成

・一番左の四角の中のものをいくつ使うと、すぐ右のお手本ができますか。その数だけ右のマス目に○をかきましょう。

10 巧緻性

青以外のクーピーペンが数本配られる。
・先生が「やめ」と言うまで塗り絵をしましょう。

▌ 個別テスト ▌

言　語

・「朝」「頭」のように「ア」から始まる言葉をできるだけたくさん言ってください。

女の子がおばあさんの肩をたたいている絵を見て、質問に答える。
・これはどのような絵ですか。お話ししてください。
・おばあさんはどのような気持ちだと思いますか。
・女の子はどのような気持ちだと思いますか。

生活習慣・指示行動

中に仕切りがあるお弁当箱、小さい風呂敷、おはし、毛糸でできたスパゲティ４本、スポンジでできたパン４枚、サンドイッチの具として布でできたハムとチーズ各２枚、紙でで

きたレタス2枚を渡される。

・お弁当箱の小さい方のお部屋に、スパゲティをおはしで入れてください。

・用意された具を2つずつ使って、中身の違うサンドイッチを2つ作ってください。

・サンドイッチができたら、お弁当箱の大きい方のお部屋に入れてください。

・サンドイッチを入れたら、お弁当箱のふたを閉めて小さい風呂敷で包んでください。

集団テスト

共同制作・行動観察

5、6人のグループごとに、段ボール箱2つをつなぎ合わせて作られた木、クレヨン、液体のり、セロハンテープ、はさみ、新聞紙の入ったカゴが用意されている。その他1ヵ所に、画用紙、折り紙が置いてある。

・お友達と相談して折り紙や画用紙、新聞紙などを使ってすてきな木を作りましょう。どのような木でもよいです。ただし木を切ったり穴を開けたりしてはいけません。

・ほかのグループはどのような木を作ったのでしょうか。同じグループのお友達とほかのグループに行き、どのような木を作ったか様子を見てお話ししましょう。

歌・ダンス・リズム

「大きな栗の木の下で」の歌が流れる。

・曲に合わせて歌いながら、先生と同じように踊りましょう。

親 子 面 接

第一面接

本 人

・お名前を教えてください。

・お父さま、お母さま、きょうだいのお名前を教えてください。

・この学校の名前を知っていますか。

・(父親が欠席の場合)お父さまはどのような人ですか。

父 親

・宗教系の小学校についてどう思われますか。

・本校のことはいつ知りましたか。

・カトリック教育についてのお考えを聞かせてください。

・女子校についてどのようにお考えですか。

・お仕事内容を具体的にお話しください。やりがいを感じるのはどのようなときですか。

・学生時代の思い出で一番印象に残っていることは何ですか。

母　親

・カトリック教育についてのお考えを聞かせてください。

・本校を知ったきっかけは何ですか。

・お仕事はしていますか。今のお仕事を選んだきっかけは何ですか。

・お仕事をされていますが、学校行事には参加できますか。

第二面接

本　人

・魔法が使えるとしたら、どのようなことがしたいですか。

・好きな本は何ですか。本はいつ読んでいますか。

・お母さまの作るお料理で好きなものは何ですか。

・お父さま（お母さま）はどのようなときに楽しそうな顔をしていますか。

・お父さまと一緒に遊ぶことはありますか。

父　親

・どのようなときにお子さまをほめますか。どのようなときにしかりますか。

・今、お子さまが熱中していることはありますか。

・奥さまとお子さまはどのようなところが似ていますか。

・ご自身とお子さまの似ている点はどのようなところですか。

母　親

・受験にあたりどのような準備をしましたか。

・お子さまは習い事をしていますか。どのような目的でしていますか。

面接資料／アンケート 「本校志望にあたって」を願書提出時に提出する。以下のような記入項目がある。

・氏名、生年月日、現住所、保育歴、現在籍園の所在地と電話番号、保護者氏名、保護者連絡先、家族構成、通学経路、受験に際し学校側に知らせておきたいこと。

2

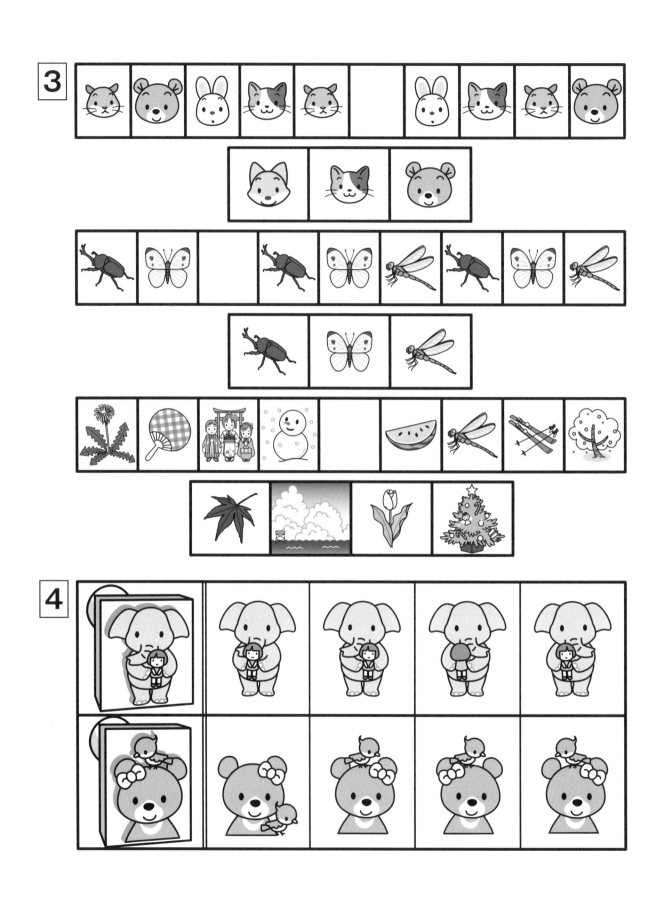

9

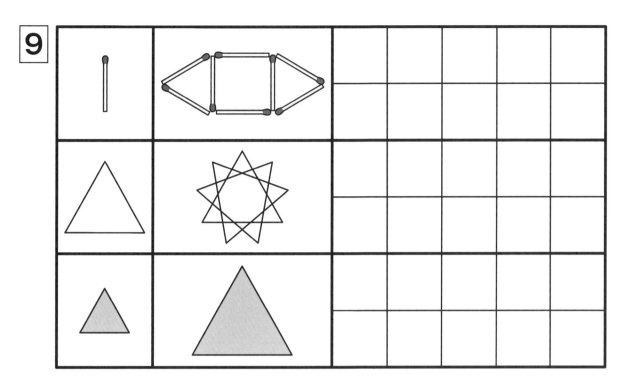

10

2015 田園調布雙葉小学校入試問題

■ 選抜方法

考査は1日で、生年月日の年少者から決められた受験番号順に約25人単位でペーパーテスト、5、6人単位で個別テスト、集団テストを行う。所要時間は約2時間30分。考査日前の指定日時に親子面接があり、第一と第二の面接を受ける。

■ ペーパーテスト

筆記用具はクーピーペン(青、緑、赤)を使用し、訂正方法は×(バツ印)。出題方法は話の記憶のみテープ、ほかは口頭。

1 話の記憶

「11月になりました。クマのふたばちゃんは、もうすぐ山に冬が来て冬眠しなければならないので、おなかをいっぱいにするために山のふもとのお店へ買い物に行くことにしました。寒かったので、ふたばちゃんはマフラーをして、毛糸の帽子をかぶり、ふかふかのブーツでお出かけしました。1番目に木の実屋さんに行きました。ドングリが入った袋を4袋買いました。2番目に行ったのははちみつ屋さんです。はちみつが入ったつぼを3つ買いました。3番目は魚屋さんで、サケを2匹買いました。お買い物をした帰り道、ふたばちゃんはモグラ君とウサギ君に会いました。ウサギ君が『僕たち、冬の準備をしているところなんだ』と言うと、ふたばちゃんも『わたしもその準備をしているの』と言いました。『何買ったの？　見せて』とモグラ君とウサギ君に言われたので、袋の中を見せると、『僕たちもお店へ行くつもりなんだけど、少し分けてくれるとうれしいな』とモグラ君とウサギ君は言いました。ふたばちゃんは、モグラ君とウサギ君にドングリの袋を2袋ずつあげました。ウサギ君は『そうすると、ふたばちゃんの分がなくなっちゃうよ』と言って、それぞれ1袋ずつ返してくれました」

- 左の四角の中に、いろいろな格好をしているふたばちゃんがいます。お話に出てきたふたばちゃんはどれですか。○をつけましょう。
- 右の四角の中の道にいろいろなものが描いてあります。ふたばちゃんが2番目に行ったお店にあったものはどれですか。△をつけましょう。
- ふたばちゃんが一番最後に行ったお店にあったものはどれですか。右の四角の中の道から選んで□をつけましょう。
- 右の四角の中の道に描かれたもののうち、秋にとれない食べ物はどれですか。○をつけましょう。

2 話の理解・巧緻性

・一番上の段の右側の四角を見てください。3つの点線の丸を、先生が言った色の順番で上からなぞりましょう（緑→青→赤）。

・真ん中の段の左側の四角を見てください。3つの点線の丸を上から赤、青、緑の順でなぞりましょう。

・下の段の真ん中の四角を見てください。3つの点線の丸を上が青、下が赤になるようになぞりましょう。

③ 常識（季節）

・円の中に絵が季節の順に並んでいます。印のついた空いているところには、それぞれどんな絵が入るとよいでしょうか。絵を下から探して、その印を下の絵につけましょう。

④ 推理・思考（鏡映図）

・お家やお花が水に映っている様子が絵の下半分に描いてあります。その中に、このようには水に映らないおかしなところがいくつかあります。おかしいと思うところを探して、水に映っている方の絵に青で○をつけましょう。

⑤ 点図形

・上のお手本と同じになるように、下にかきましょう。

⑥ 巧緻性

青、緑、赤以外のクーピーペンが数本配られる。
・先生が「やめ」と言うまで塗り絵をしましょう。

個別テスト

言語・常識

・動物の名前をたくさん言ってください。

身体表現

・一番好きな動物のまねをしてください。

⑦ 生活習慣・指示の理解

（アメが5個入って両側が閉じられたビニール袋とはさみが入っているカゴを渡される）
・今日は先生のお誕生日なので、アメを先生とあなたとで仲よく分けてほしいと思います。はさみを使って袋を開けてアメを分け、先生の分を先生にください。分けた後、はさみ

は先生にください。ゴミははさみが入っていたカゴに入れてください。

（花の絵が描いてある図鑑を見せられる）
・向こうの棚から、先生と同じ本と風呂敷包み（衣類のようなものが入っている）を持ってきてください。
・風呂敷包みがぐしゃぐしゃになってしまいました。もう一度包んで結び直してください。
・風呂敷包みを元のところに戻してきてください（本は先生に渡すよう指示される）。

■ 集団テスト

■ 共同制作・行動観察

5、6人のグループごとに、画用紙、クレヨン、液体のり、セロハンテープ、はさみ、新聞紙が用意されている。
・お友達と相談して島を作りましょう。どんな島でもよいですよ。
・ほかのグループが作った島まで、どんな乗り物に乗って行きたいですか。お友達と相談してどんな乗り物で行くかが決まったら、みんなでその乗り物に乗ってお隣の島に行きましょう。

■ リズム・ダンス

「南の島のハメハメハ大王」の歌が流れる。
・曲に合わせて、好きなように踊りましょう。

■ 親子面接

■ 第一面接

本人

・お名前を教えてください。
・お父さまとお母さまの名前を教えてください。
・幼稚園（保育園）の名前を教えてください。
・この学校の名前を知っていますか。教えてください。

父親

・女子校についてどうお考えですか。

・カトリック教育についてのお考えをお聞かせください。

・本校のことはいつ知りましたか。

・現在の職業に就いたきっかけは何ですか。

・お仕事をされていて大変なことは何ですか。

・お仕事をされていて学んだことは何ですか。

・お仕事で一番やりがいを感じるのはどんなときですか。

・学生時代で一番印象に残っていることはどんなことですか。

・お子さまが将来社会に出たとき、どんなことを伝えたいですか。

母 親

・学生時代に打ち込んだことは何ですか。

・学生時代で最も心に残っていることは何ですか。

・キリスト教についてどうお考えですか。

・志望動機についてお聞かせください。

・ほかの小学校がお住まいの近くにありますが、どうして本校を志望されたのですか。

・（姉妹校出身の場合）お母さまは姉妹校のご出身ですが、どうしてお子さまには田園調布を選ばれたのですか。

・しつけや子育てで、ご家庭で大切にしていることは何ですか。

・お仕事をしていますか。またはお仕事の経験はありますか。

・お仕事の内容をお話しください（以前仕事をしていた場合も同様）。

・お仕事を選んだきっかけは何ですか（以前仕事をしていた場合も同様）。

📖 第二面接

本 人

・しかられること、ほめられることは何ですか。

・お手伝いはしますか。何をしますか。

・幼稚園（保育園）から帰ったら、何をして過ごしていますか。

・お父さま、お母さまのどんなところが好きですか。

・お父さま、お母さまのよいところを教えてください。

・お父さま、お母さまにしてもらってうれしかったことは何ですか。

・宝物は何ですか。

・家族と何をするときが楽しいですか。

父 親

・（子どもに両親の好きなところを聞いた後）今のお子さまの話を聞いてどう思いました

か。

・現在の職業を通じて、将来お子さまに伝えたいことはどんなことですか。

・お子さまと奥さまが似ているところはどんなところですか。

・お子さまとご自身が似ているところはどんなところですか。

・奥さまはどのような方ですか。

母　親

・受験にあたり、ご準備なさったことは何ですか。

・お子さまを持ってよかったことは何ですか。

・子育てで大変だったこと、困ったことはありますか。

・育児で悩むことはどんなことですか。

・ご家庭で決めているルールや約束事はありますか。そのルールをお子さまはどれくらい
　守れていると思いますか。

・どんなときにほめますか。どんなときにしかりますか。

・お子さまにどんなお手伝いをさせていますか。

・お子さまにさせているお手伝いで、お子さまに何点をあげますか。

面接資料／アンケート

「本校志望にあたって」を願書提出時に提出する。以下のような記入項目がある。

・氏名、生年月日、現住所、電話番号、保育歴、現在籍園所在地と電話番号、保護者氏名、
　保護者連絡先、家族構成、通学経路、受験に際し学校側に知らせておきたいこと。

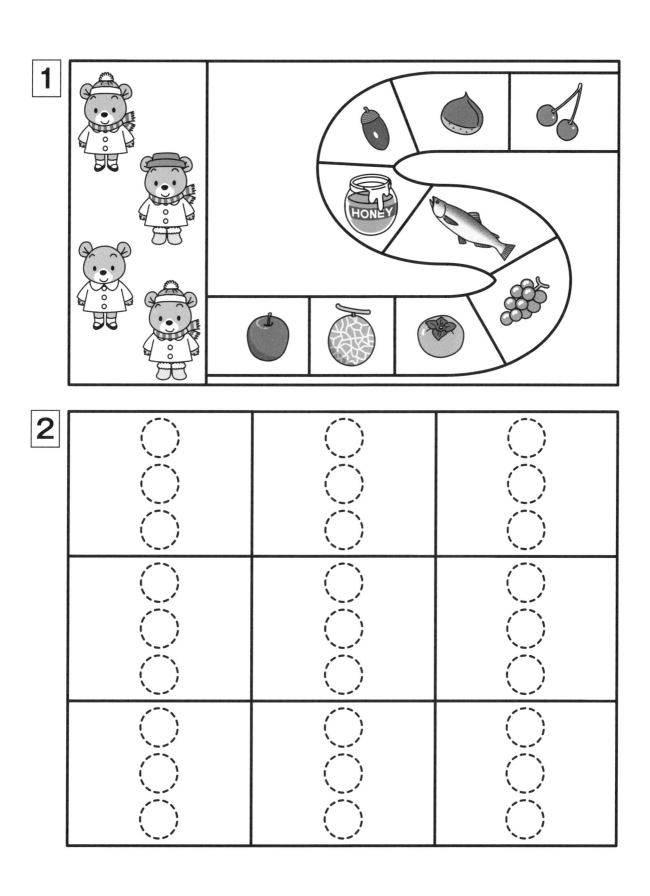

3

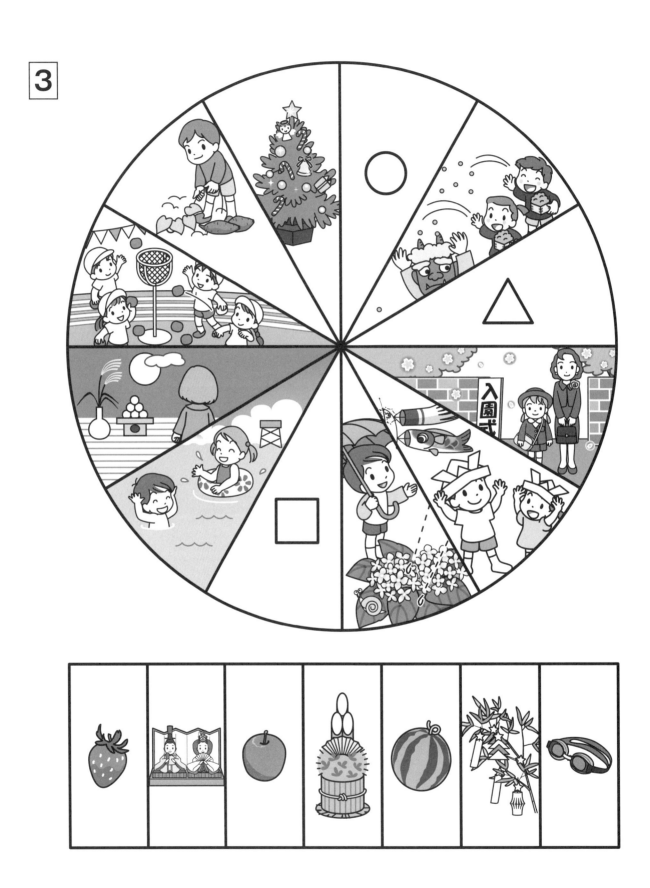

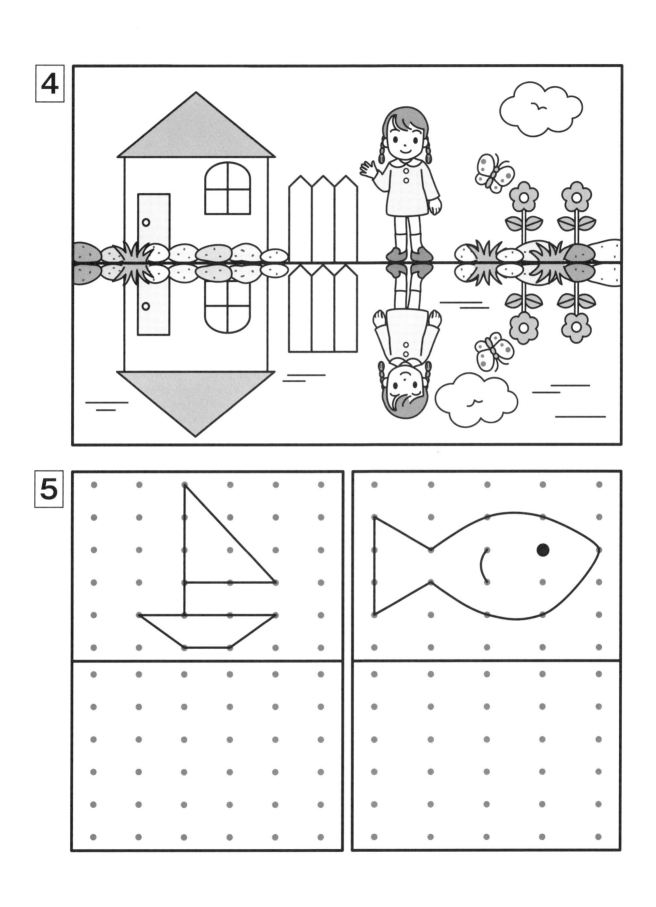

6

7

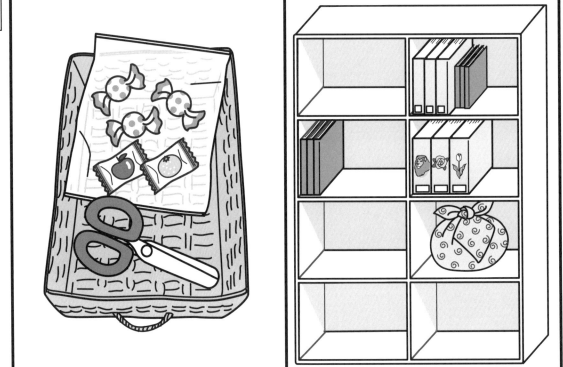

^{section} 2014　田園調布雙葉小学校入試問題

■ 選抜方法

考査は2日間で、生年月日の年少者から決められた受験番号順に30〜35人で誘導され、両日とも約6人単位で行われる。1日目は集団テスト、2日目はペーパーテスト、個別テストを行う。所要時間は1日目が約2時間、2日目が約1時間30分。考査日前の指定日時に親子面接があり、第一と第二の面接を受ける。

考査：1日目

| 集団テスト |

■ 身体表現

テスターのお手本通りに体を動かす。

・「木が伸びる〜、木が伸びる〜、にょき、にょき、にょき」と声に出しながら、しゃがむ姿勢からだんだん大きくなり、両手両足を広げて体を大きく開く。

・「木が折れる〜、木が折れる〜、ポキ、ポキ、ポキ」と声に出しながら、両手両足を広げた状態から、手首を内側に曲げ、だんだん体を小さくしてしゃがむ。

■ ジャンケンゲーム

・テスターに負けるように、全員で後出しジャンケンをする。その後、テスターと「あっち向いてホイ」をする。

■ 生活習慣

持参したお弁当を食べる準備をする。向かい合わせになった机の真ん中に箱が置いてあり、割りばし、ランチョンマット（B5判の白い紙）、紙ナプキンが入っている。

・「お弁当の支度をしましょう。箱の中の割りばしを使ってください。自分のおはしを使ってもいいですよ。紙ナプキンはこぼしたときに使ってください」とテスターが言う。準備ができたグループから、「いただきます」と言ってお弁当を食べる。食べ終わっても、「グループのみんなが食べ終わるまで待っていてください」と指示がある。グループ全員が食べ終わった後、「ごちそうさま」のあいさつをして片づける。

■ 共同制作（海の生き物作り）・課題遊び

5、6人のグループごとに、画用紙、折り紙、人数分のカチューシャ、クレヨン、液体の

り、セロハンテープ、はさみが用意されている。

・海にいる生き物をお友達と相談して作りましょう。作ったらカチューシャに留めてください。時間があったら、ほかのものを作ってもよいですよ。

・カチューシャをつけて海の生き物になって、お友達と海の幼稚園ごっこをしましょう。

■ ペーパーテスト

筆記用具はクーピーペン（青、赤）を使用し、訂正方法は×（バツ印）。出題方法は話の記憶のみテープ、ほかは口頭。

1 話の記憶

「ふたばちゃんは、いつも三つ編みをしている女の子でお散歩が大好きです。今日はおばあちゃまと川の近くにある公園にお出かけします。お母さまが小さなおにぎりを8個作ってくれました。公園の近くにはお花畑があり、コスモスが一面に咲いています。公園に行く途中、つばさ君に会いました。ふたばちゃんが『どこに行くの？』とつばさ君に聞くと、『果物を買いに行くんだ』と言うので、ふたばちゃんは驚いて聞きました。『1人で？』『うん』。『つばさ君、えらいのね』。ふたばちゃんは、そのときおばあちゃまがおにぎりの入っている手提げ袋を持っていることに気づいて『わたしもつばさ君のように1人で何でもできるようにしよう』とおばあちゃまが持っていた袋を持ちました。公園に行くとけんた君がお姉さんと遊んでいました。シーソーとすべり台があったので、ふたばちゃんとおばあちゃまはシーソーに乗ってみました。するとおばあちゃまの方が下がりました。けんた君とふたばちゃんを比べると、ふたばちゃんの方が下がりました。けんた君のお姉さんとふたばちゃんがシーソーに乗ると、お姉さんが下がりました。おばあちゃまとお姉さんでは、お姉さんが下がりました。シーソーで遊んだ後、おばあちゃまとふたばちゃんは、持ってきたおにぎりを食べました。ふたばちゃんはおなかがすいていていっぱい食べてしまったので、『食べる前におにぎりをおばあちゃまと半分ずつにしておいたらよかったな』と思いました」

・1段目です。つばさ君と会った後のふたばちゃんはどれですか。○をつけましょう。

・2段目です。公園でみんなはシーソーに乗りました。2番目に重いのは誰ですか。○をつけましょう。

・3段目です。つばさ君が行くお店はどれですか。○をつけましょう。

・4段目です。ふたばちゃんが「おにぎりをおばあちゃまと半分ずつにしておいたらよかった」と思ったとお話の中にありましたが、持っていたおにぎりを半分ずつに分けると、何個ずつになりますか。その数だけおにぎりの絵の四角に○をかきましょう。

2 **常識（仲間分け）**

  ・この中で仲よしでないものに○をつけましょう。

3 **推理・思考（比較）**

  ・上の段です。同じ大きさのコップにそれぞれ絵のように紅茶が入っています。角砂糖を
  2つずつ入れました。一番甘いのはどれですか。○をつけましょう。

  ・下の段です。筒にひもが巻きつけてあります。この中でひもが一番長いのはどれですか。
  ○をつけましょう。

4 **位置・記憶**

  左の絵をよく見てください（左の絵を隠し、右のマス目に取り換える）。

  ・ブドウはどこにありましたか。同じ場所に青で○をかきましょう。

  ・リンゴはどこにありましたか。同じ場所に赤で○をかきましょう。

5 **推理・思考（四方図）**

  女の子が机の上の積み木とウサギのぬいぐるみを見ています。

  ・女の子から見るとどのように見えますか。赤で□をつけましょう。

  ・窓の方から見るとどのように見えますか。赤で○をつけましょう。

  ・富士山の絵の方から見るとどのように見えますか。青で△をつけましょう。

  ・富士山の絵とは反対側から見るとどのように見えますか。青で○をつけましょう。

6 **推理・思考（進み方）**

  ・三角は左に、丸は真っすぐ上に、星は右に進むお約束です。右下の矢印からスタートし
  て、枠の外に出たらゴールです。間に線があっても気にせず、お約束の通り進んでゴー
  ルまで線を引きましょう。

7 **常識（昔話）**

  ・右下の星から左上のお家まで、桃太郎のお話に出てくるものだけを全部通るように道を
  選び、線で結びましょう。

個別テスト

8 **言語・常識（想像力）**

  ・いろいろなあいさつがありますね。どんなあいさつがあるか、たくさん言ってください。

（雨の中、びしょぬれになっている女の子の絵を見せられる）

・この子はどうしてこうなってしまったと思いますか。

・あなたならこの子に何と声をかけますか。

9 言語・生活習慣

タオルが入っている青い袋を渡される。

・先生はこの袋の中に何が入っているか知りません。入っているものを見て、何が入っているかお話ししてください。

・それは、どのように使うものですか。

・あなたはこの絵のびしょぬれになっている女の子になり、先生はあなたにタオルを貸してあげた人になります（と言って袋からタオルを出した状態にする）。ではこの女の子になったつもりで、先生にタオルを返してください。

親 子 面 接

◼ 第一面接

本 人

・お名前を教えてください。

・お父さまとお母さまの名前を教えてください。

・お父さまとはどんな遊びをしますか。

・この学校の名前を知っていますか。教えてください。

父 親

・お仕事のやりがいは何ですか。

・本校を知ったきっかけを教えてください。

・カトリック教育についてどうお考えですか。

・お子さまの長所と短所はどのようなところですか。

・幼稚園（保育園）にインターナショナルスクールを選んだ理由を教えてください。

母 親

・学生時代に打ち込まれたことは何ですか。

・学生時代に最も心に残っていることを教えてください。

・現在お仕事に就いていらっしゃいますか。

・お仕事はフルタイムですか。学校行事に参加することはできますか。

・お仕事で辛かったことは何ですか。

・女子校についてどのようなお考えでいらっしゃいますか。

第二面接

本 人

・お父さまとお母さまのどんなところが好きですか。

・好き嫌いはありますか。好きなものは何ですか。嫌いなものは何ですか。

・弟さんの面倒を見ているのですね。何をしてあげるのですか。

・魔法が使えたら、どんな魔法を使いたいですか。それはなぜですか。

父 親

・お子さまを授かってよかったと思うことは何ですか。

・お子さまの長所と短所をお話しください。

母 親

・お子さまを授かってよかったと思うことは何ですか。

・幼稚園（保育園）から帰った後、どのように過ごしていらっしゃいますか。

・お子さまは何か習い事をしていますか。

・受験に際して準備されたことは何ですか。

面接資料／アンケート

「本校志望にあたって」を願書提出時に提出する。以下のような記入項目がある。

・氏名、住所、保育歴、保護者連絡先、家族構成、通学経路、受験に際し学校側に知らせておきたいこと。

2

3

4

5

6

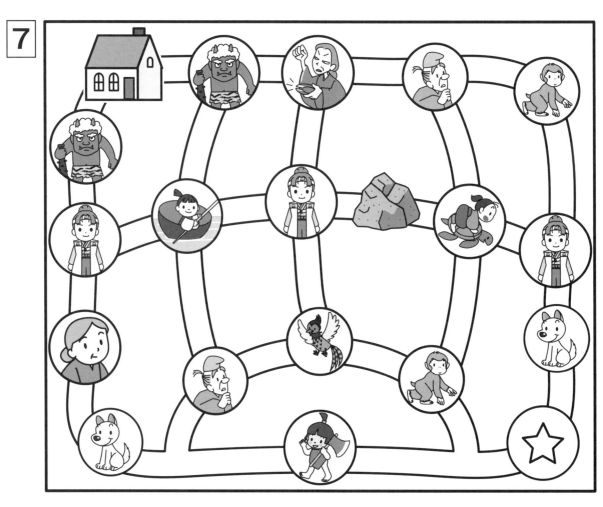

田園調布雙葉小学校
入試シミュレーション

田園調布雙葉小学校入試シミュレーション

1 話の理解

「クマはリスやキツネより高いところにいますが、ウサギよりは低いところにいます。キツネはリスより高いところにいます」

・クマ、ウサギ、キツネ、リスはそれぞれ階段のどの段にいますか。上の四角にあるそれぞれの動物の印を、階段にかきましょう。

2 数 量

・鳥が1本の木に1羽ずつ止まると、木に止まれない鳥は何羽ですか。その数だけ鳥の横の四角に○をかきましょう。
・チョウチョが1つのお花に2匹ずつ止まると、チョウチョの止まらないお花はいくつですか。その数だけチョウチョの横の四角に○をかきましょう。
・一番下の段で、同じ数のものに○をつけましょう。

3 数量（分割）

・左のおやつを3人で分けると、1人いくつずつになりますか。右の3つの四角に分けて、その数だけそれぞれ○をかきましょう。

4 数 量

・今、お家の中に何人いるでしょうか。その数だけ男の子の顔の段に○をかきましょう。
・テーブルの上のクッキーをお家の中にいる人たちに1人1枚ずつあげると何枚余りますか。その数だけクッキーの段に○をかきましょう。
・テーブルの上のジュースを1人1杯ずつ飲むと、何杯足りませんか。その数だけジュースの段に○をかきましょう。
・お家の中にいる人が4人帰り、その後2人が遊びに来ました。今、お家の中に何人いると思いますか。その数だけ女の子の顔の段に○をかきましょう。

5 常識（仲間分け）

・それぞれの段で仲間でないものを選び、カッコの中に○をかきましょう。

6 構 成

・上にかいてある4つの四角を使ってできる形に○をかきましょう。○はカッコの中にかきましょう。

7 系列完成

・それぞれの段に決まりよく絵が並んでいます。空いているところにはどんな絵が入りますか。入る絵を描きましょう。

8 常識（仲間探し）

・左と右の仲よしのもの同士、点と点を線で結びましょう。

9 観察力（同図形発見）

・左の四角に描いてあるものと同じものを、右の四角の中から見つけて○をつけましょう。

10 推理・思考（重さ比べ）

・それぞれの段で一番重いものに○、一番軽いものに×をつけましょう。印は右の四角のものにつけましょう。

11 言語・常識（生活）

・（フライ返しの絵を見せて）これは何ですか。どんなときに使いますか。
・（ハンガーと洗濯ばさみの絵を見せて）これは何ですか。どんなときに使いますか。

12 言語・常識（道徳）

・いけないことをしている人を見つけて、どうしていけないか、その理由もお話ししてください。

13 位置・絵の記憶

（上の段）左のお手本を20秒見せた後隠し、右のマス目を見せる。
・今見たものと同じになるように、マス目の同じ場所に印をかきましょう。

（真ん中の段）左のお手本を20秒見せた後隠し、右のマス目を見せる。
・おせんべいはどこにありましたか。同じ場所に○をかきましょう。
・ドーナツはどこにありましたか。同じ場所に△をかきましょう。
・クッキーはどこにありましたか。同じ場所に×をかきましょう。

（下の段）右の絵を隠して左の絵を20秒見せた後、今度は左の絵を隠して右の絵を見せる。
・今見た女の子が持っていたり、身につけたりしていたものを選んで、○をつけましょう。

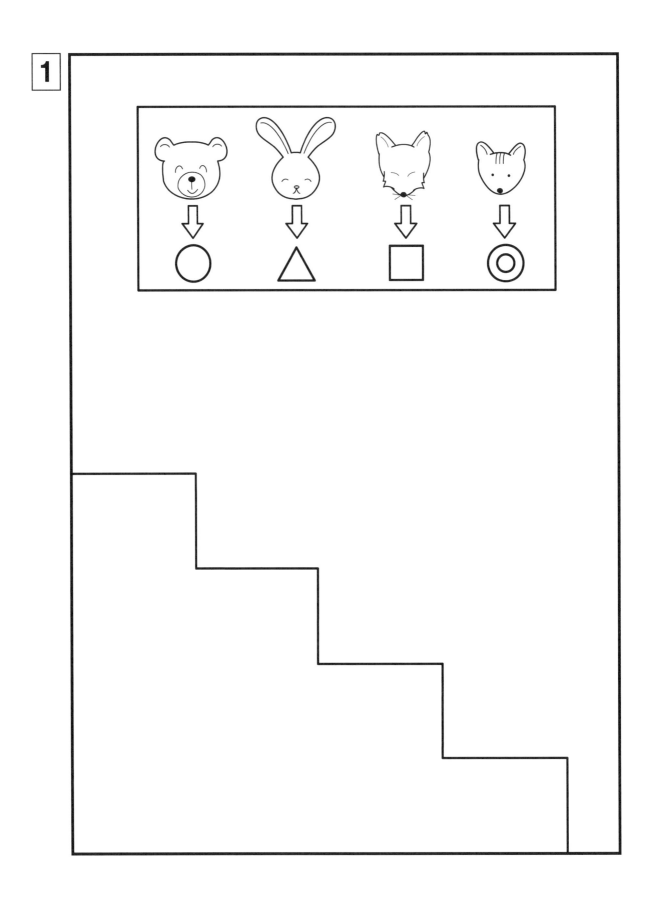

2

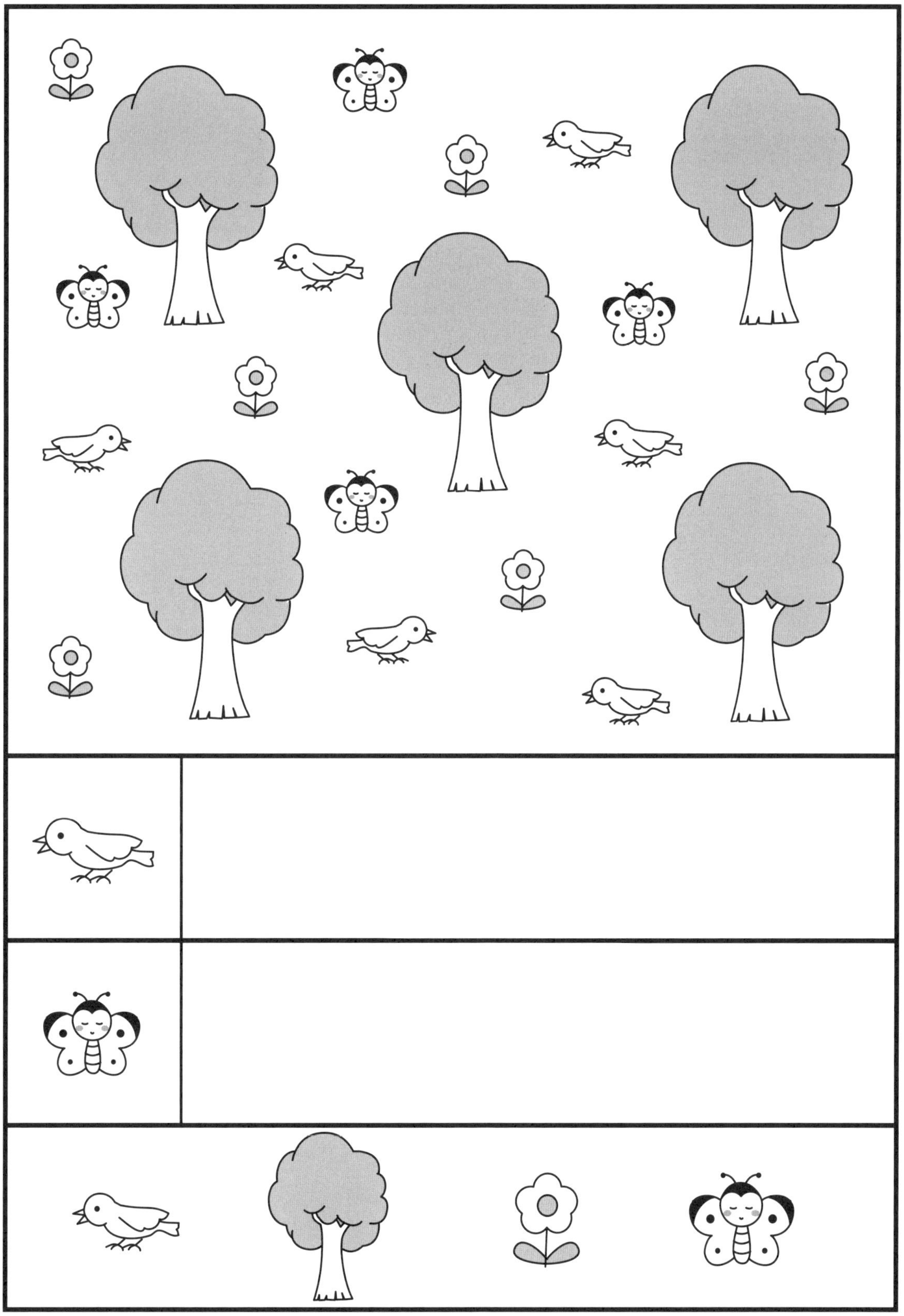

3

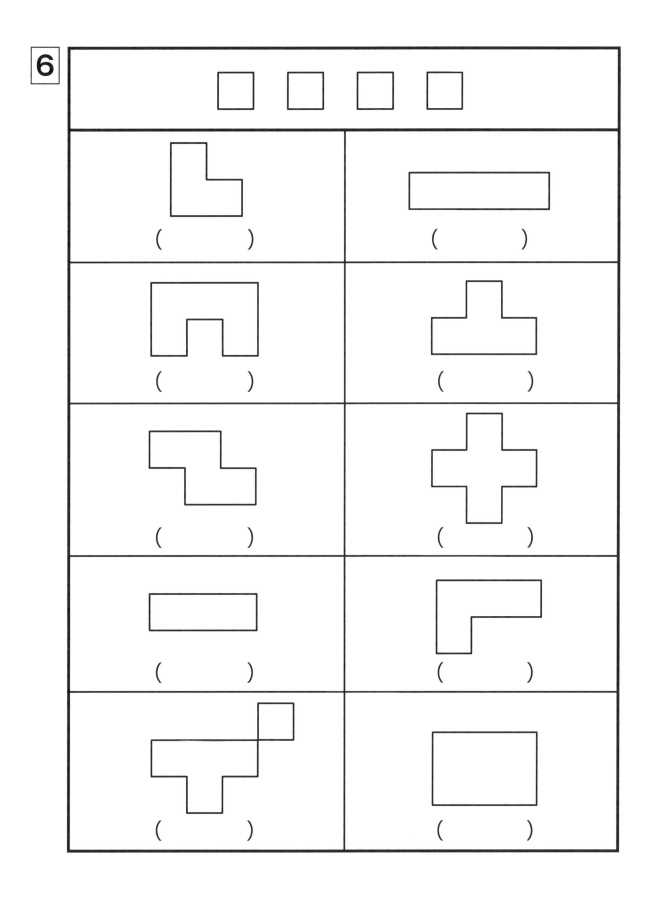

7

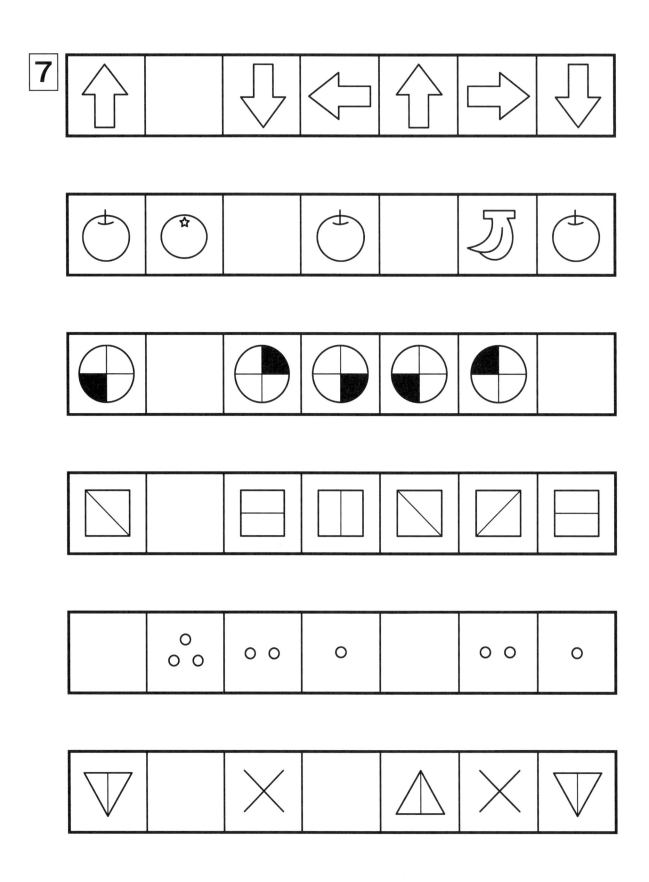

8

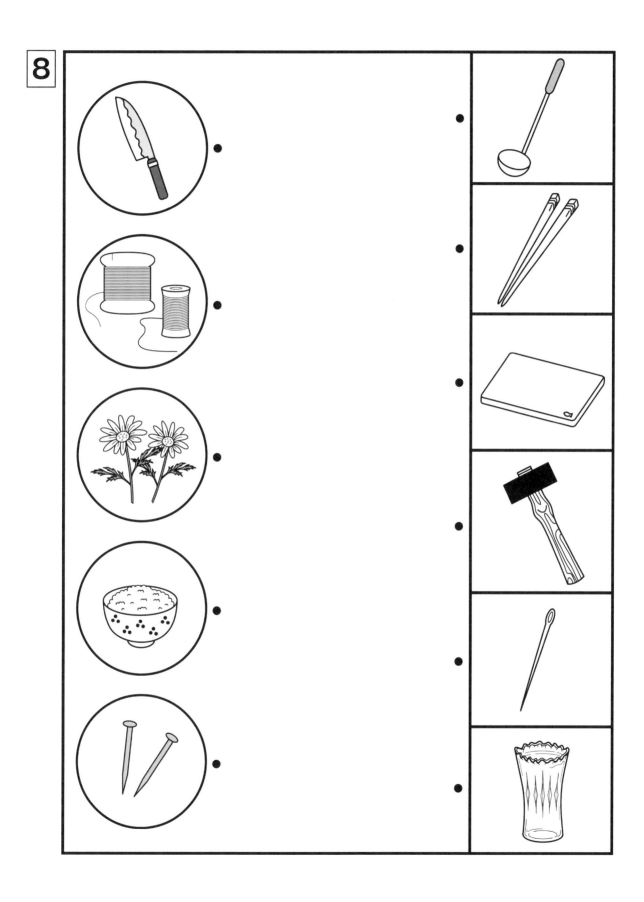

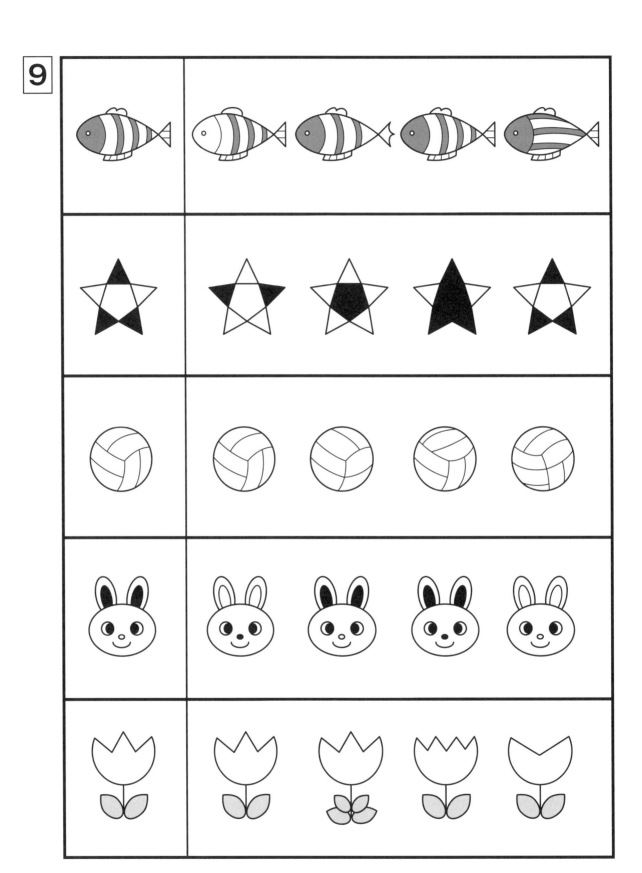

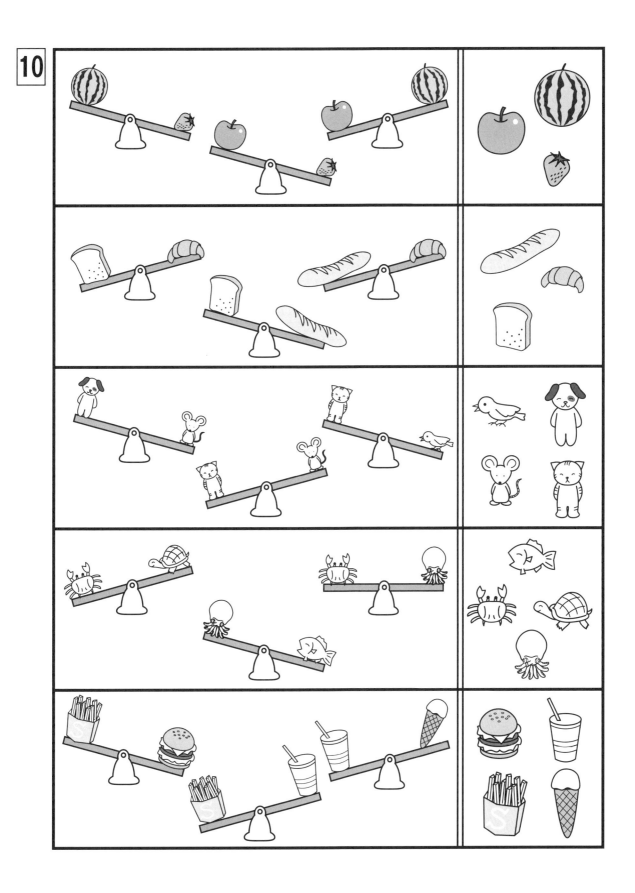

11

12

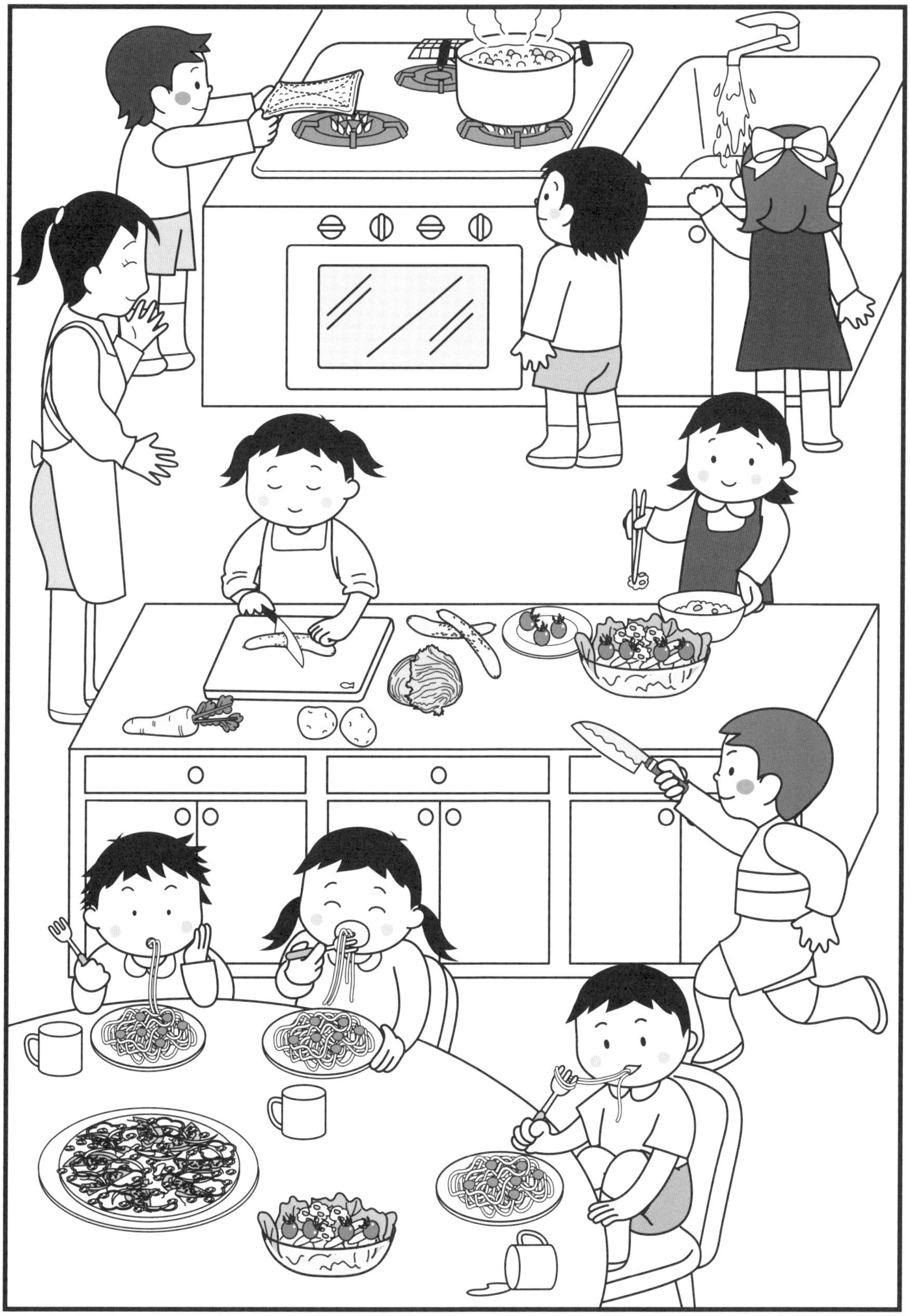

13

［過去問］ 2024

田園調布雙葉小学校 入試問題集

解答例

✳ **解答例の注意**

この解答例集では、ペーパーテスト、個別テスト、集団テストの中にある□数字がついた問題、入試シミュレーションの解答例を掲載しています。それ以外の問題の解答はすべて省略していますので、それぞれのご家庭でお考えください。（一部□数字がついた問題の解答例の省略もあります）

入試シミュレーションの
解答例もあります！

© 2006 studio*zucca

Shinga-kai

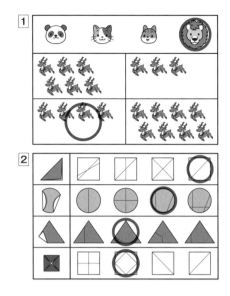

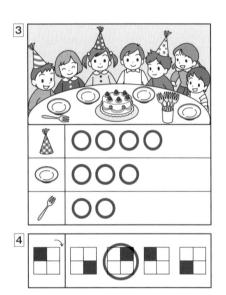

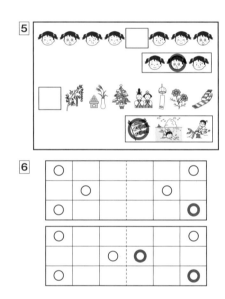

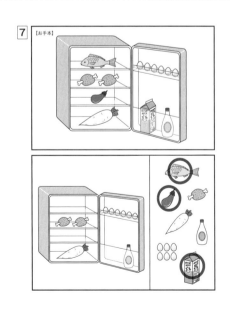

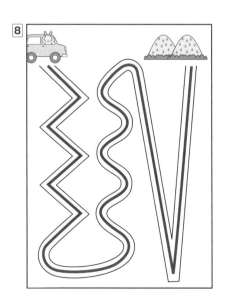

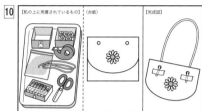

※9は解答省略

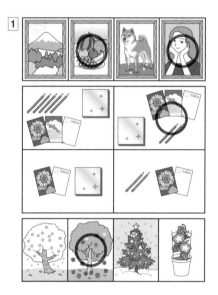

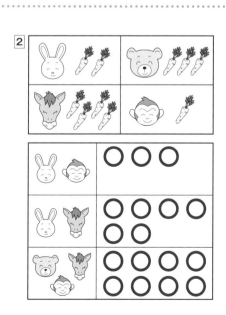

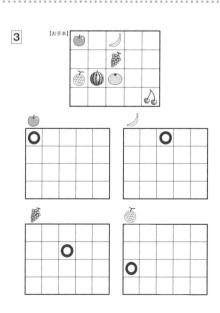

2022 解答例

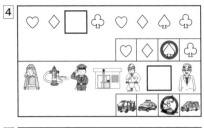

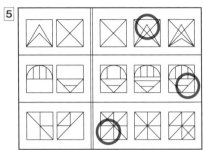

2021 解答例

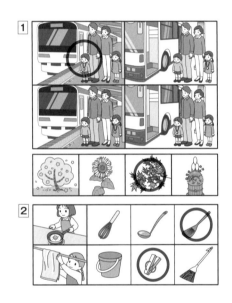

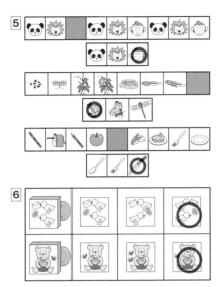

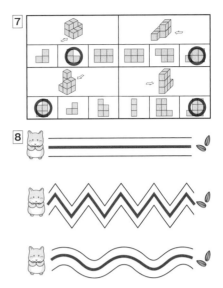

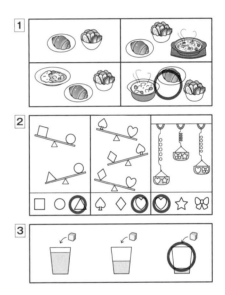

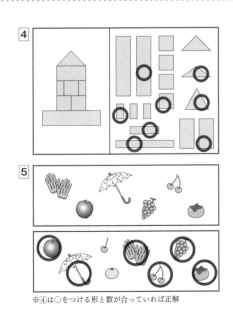

※ 4 は○をつける形と数が合っていれば正解

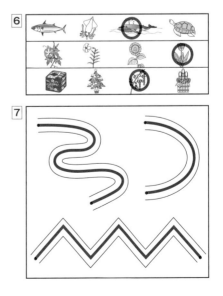

8

9 【お手本】

1
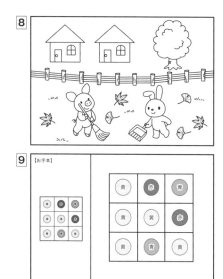

1

2
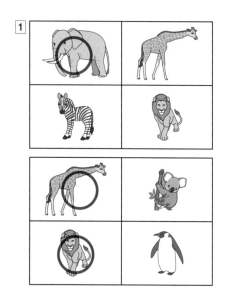

3

1
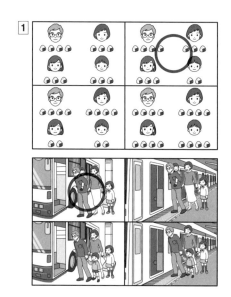

4
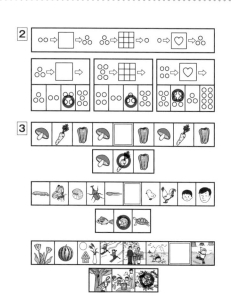

5
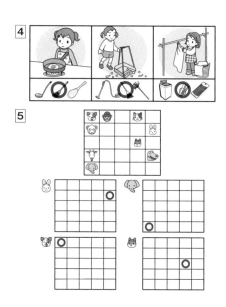

6

7

8

9 【お手本】

【台紙】

※8は解答省略

1

2

3

4

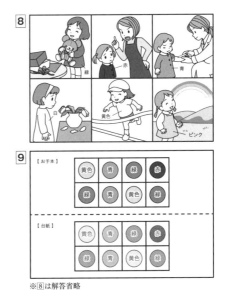

5

6

7

8 【お手本】

※7は解答省略

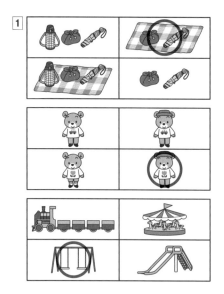

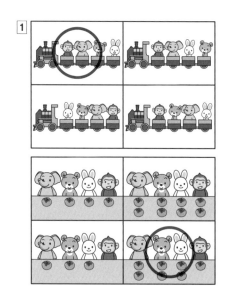

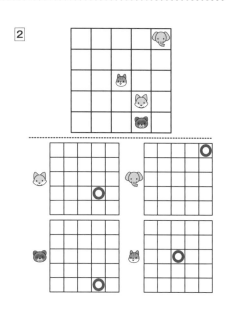

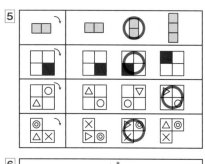

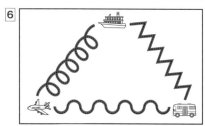

※ 8 は解答省略

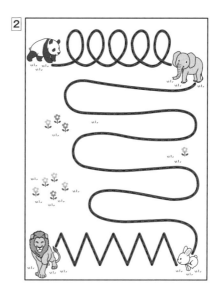

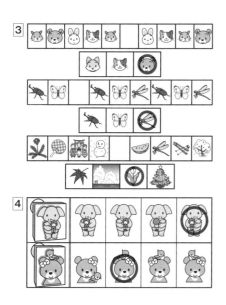

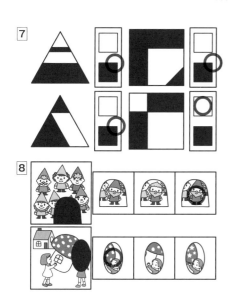

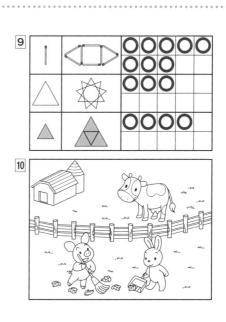

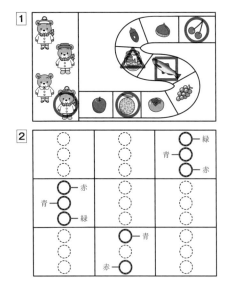

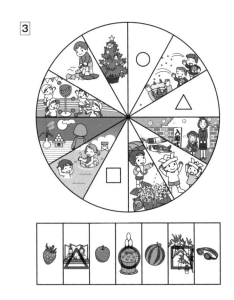

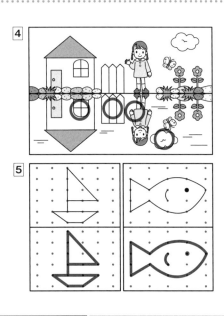

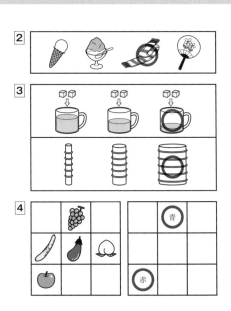

※ 7 は解答省略

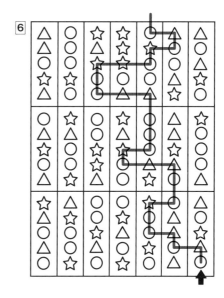

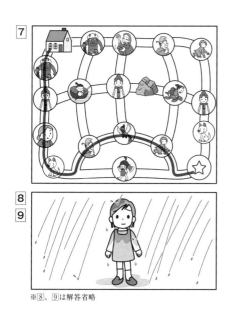

※ 8 、 9 は解答省略

1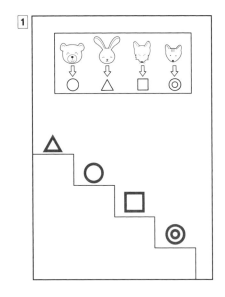

2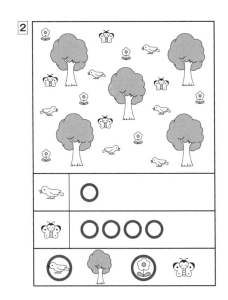

3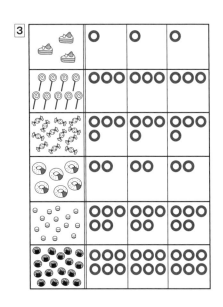

4

5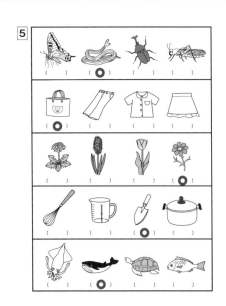

6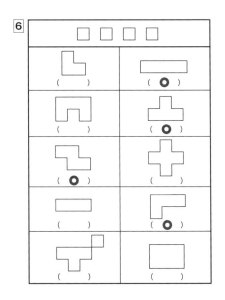

7

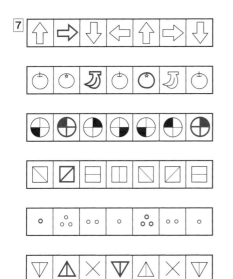

8

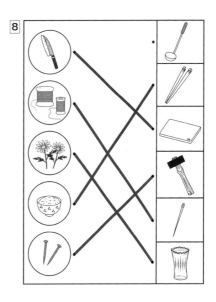

9

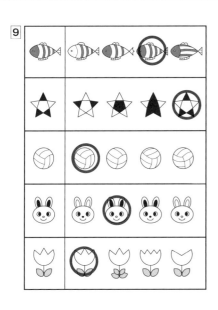

10

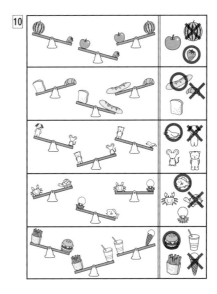

11

※11は解答省略

12

※12は解答省略

13

memo

Shinga-kai